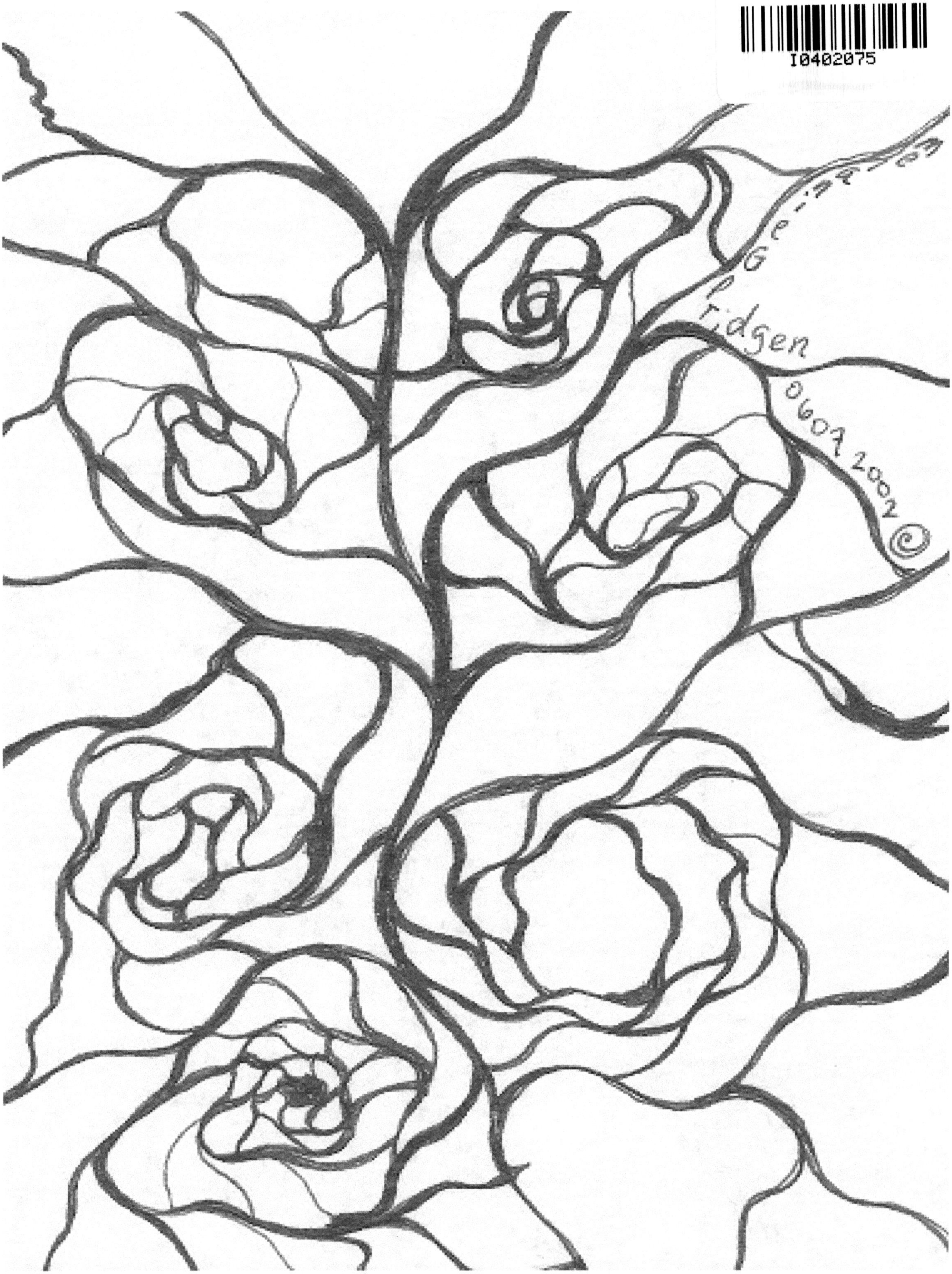

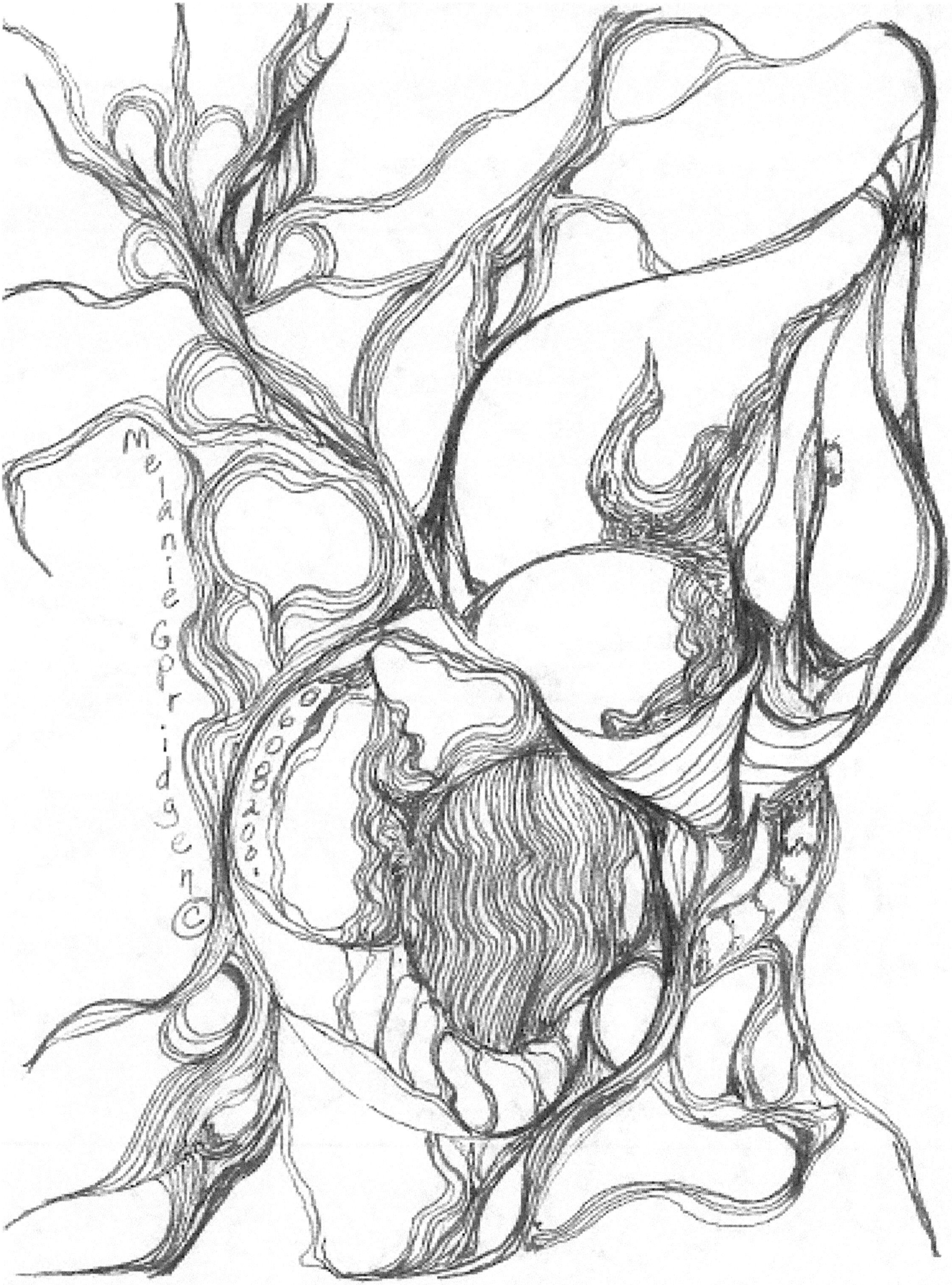

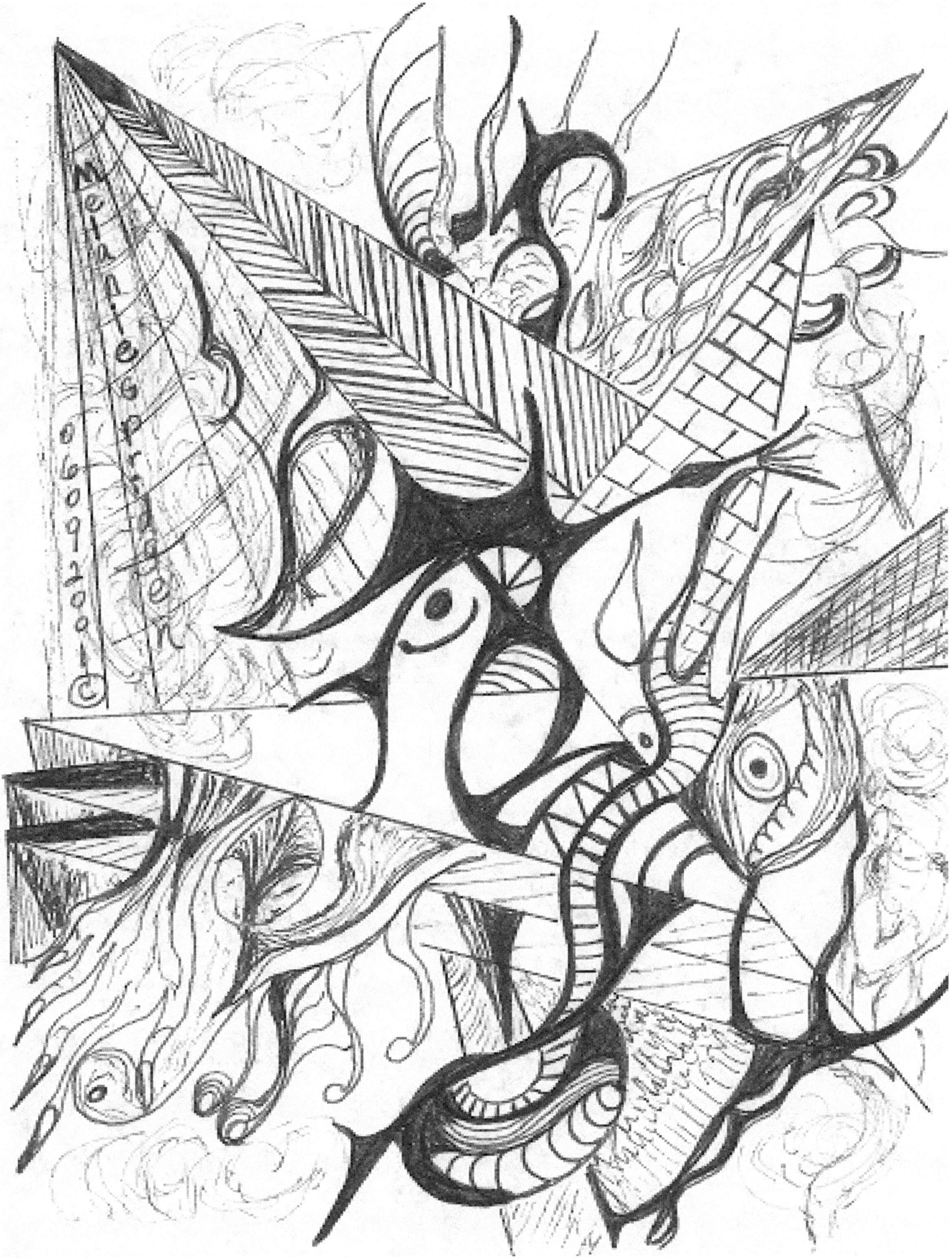

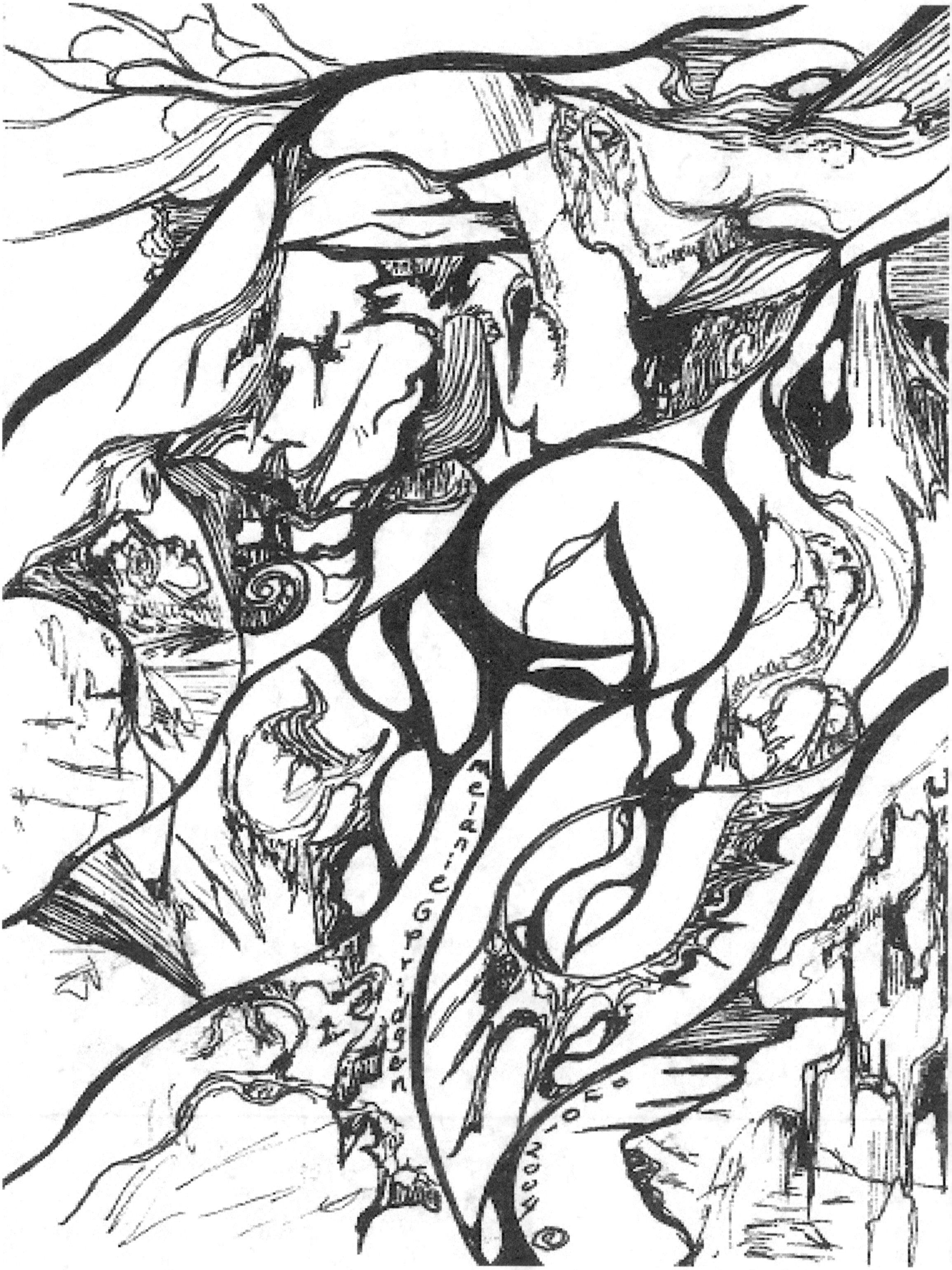

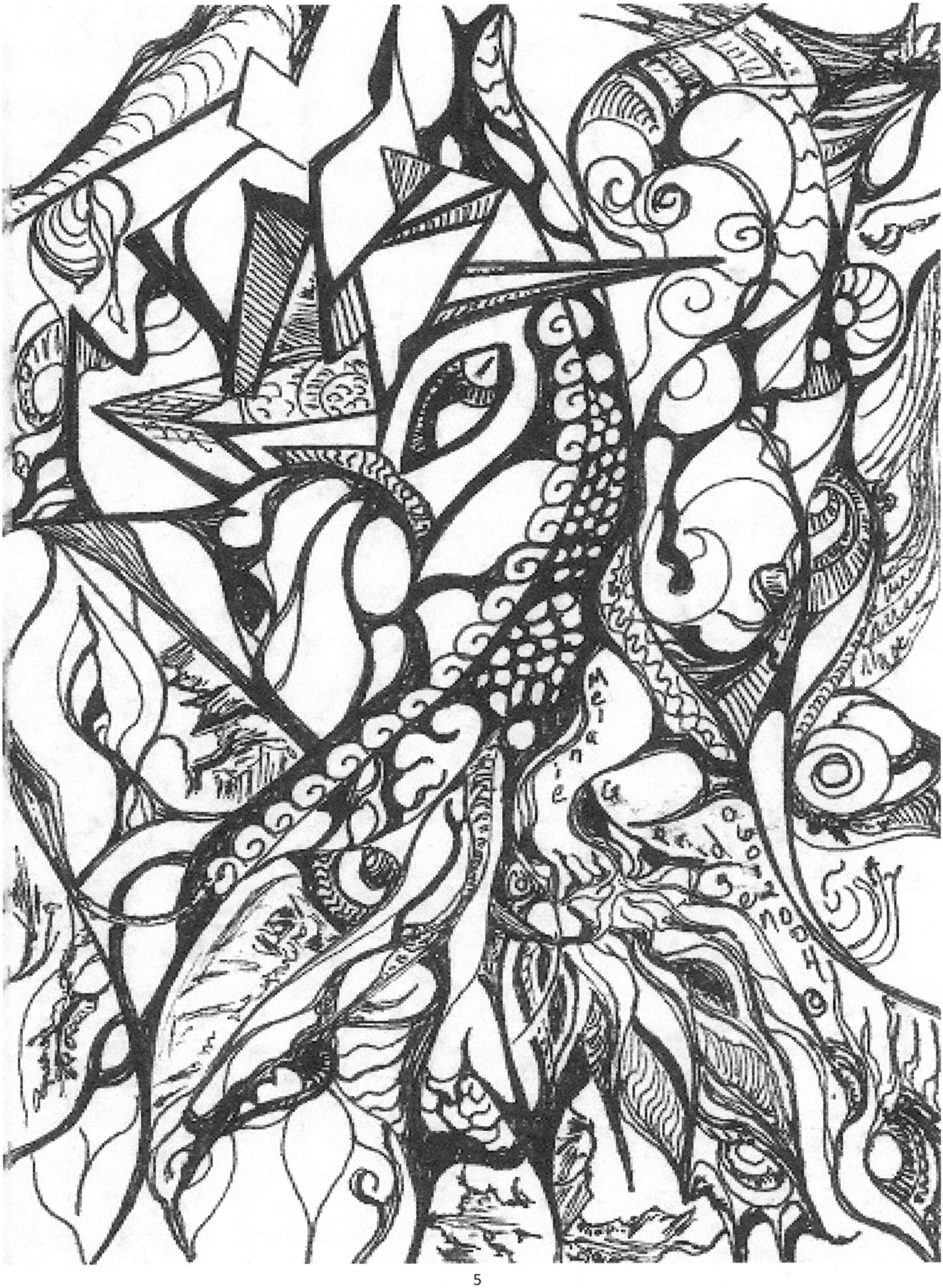

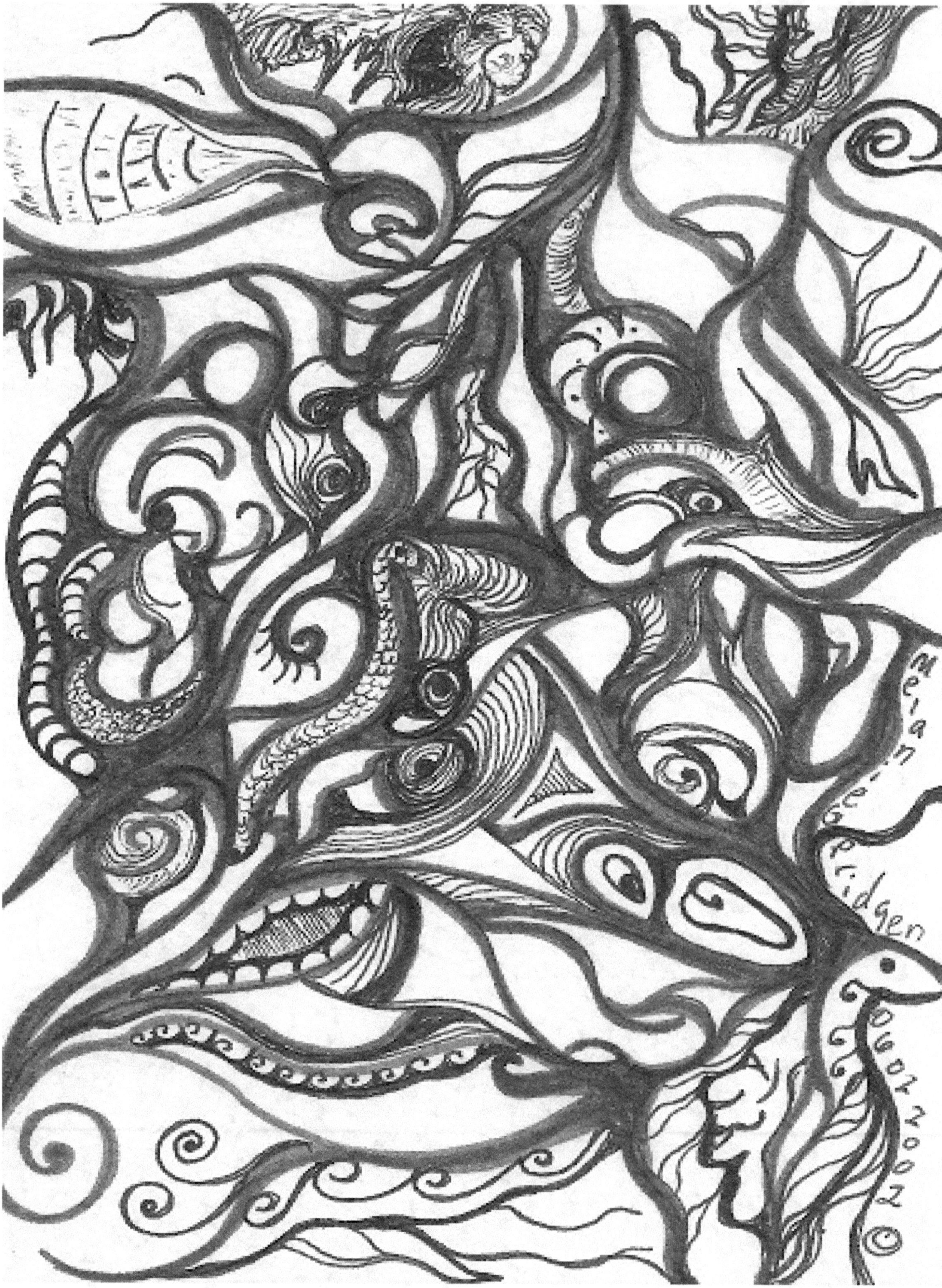

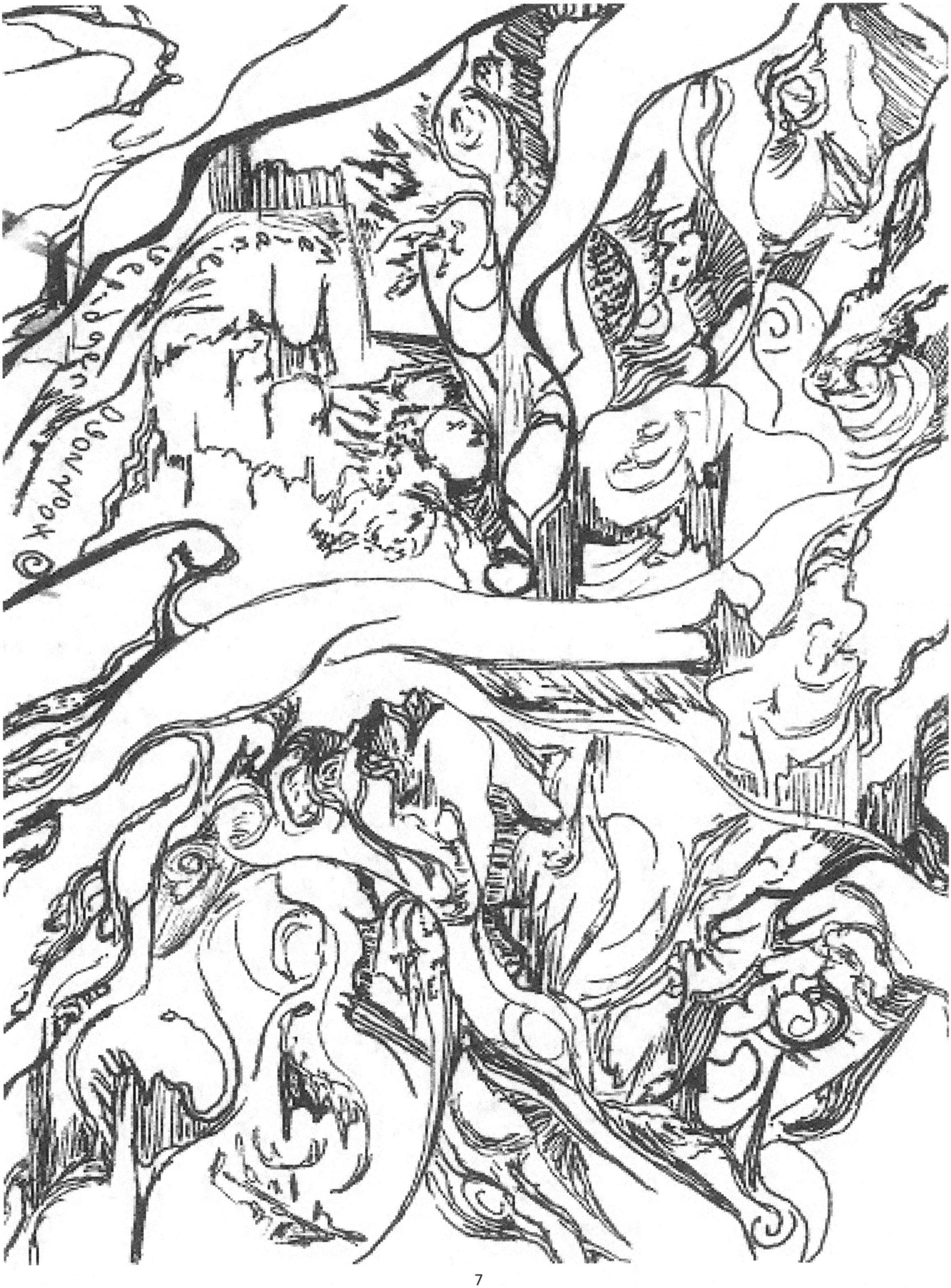

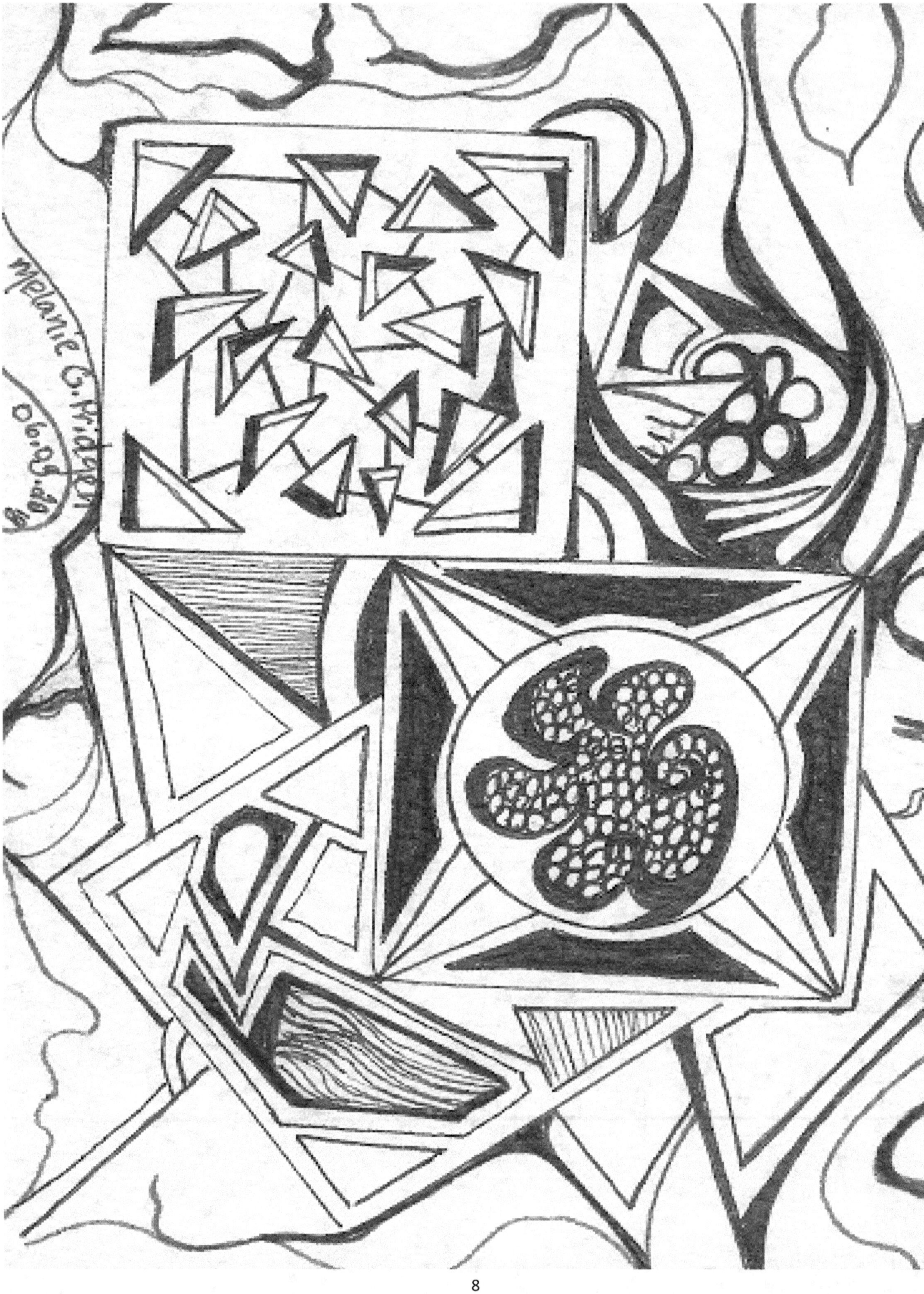

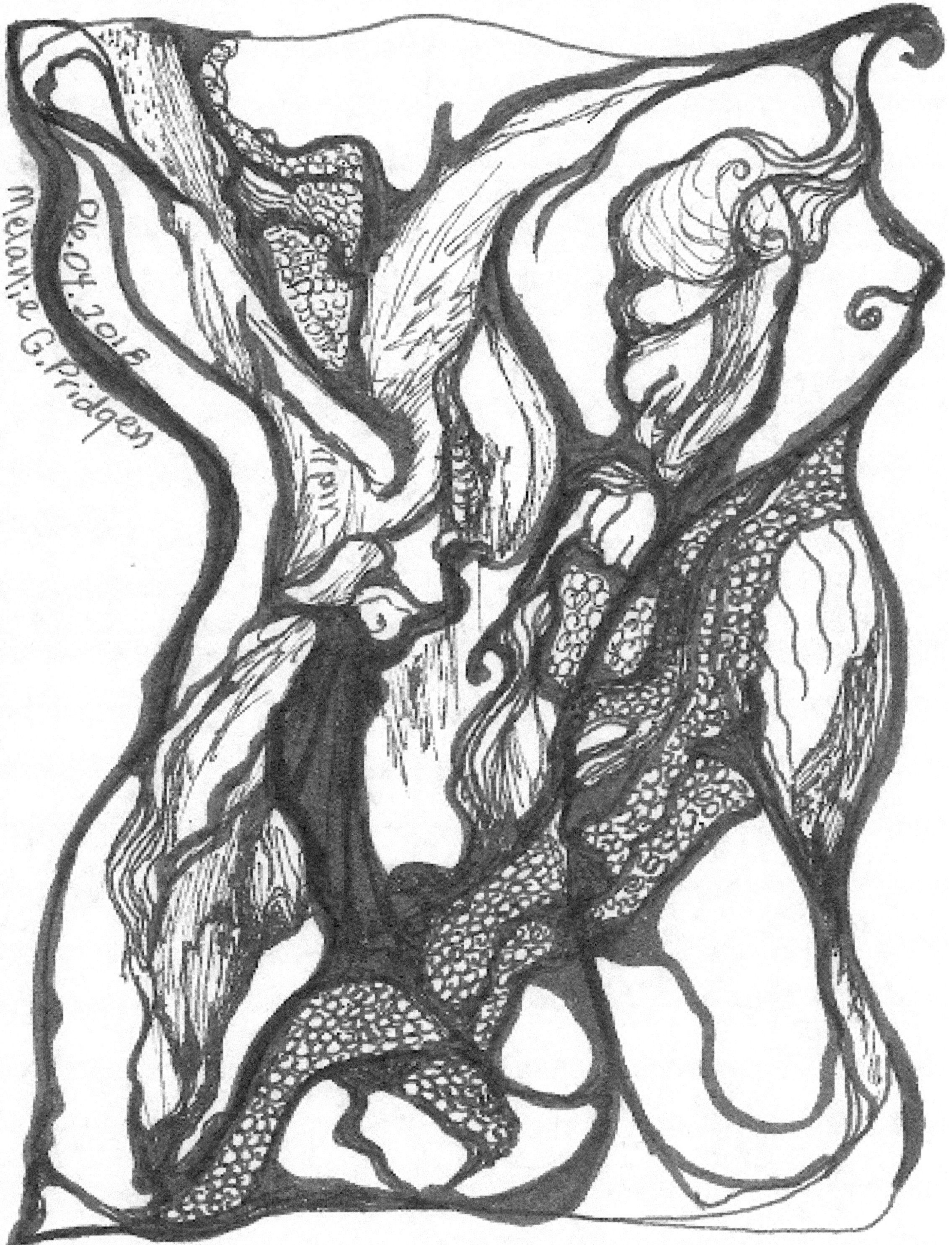
06.04.2018
Melanie G. Pridgen

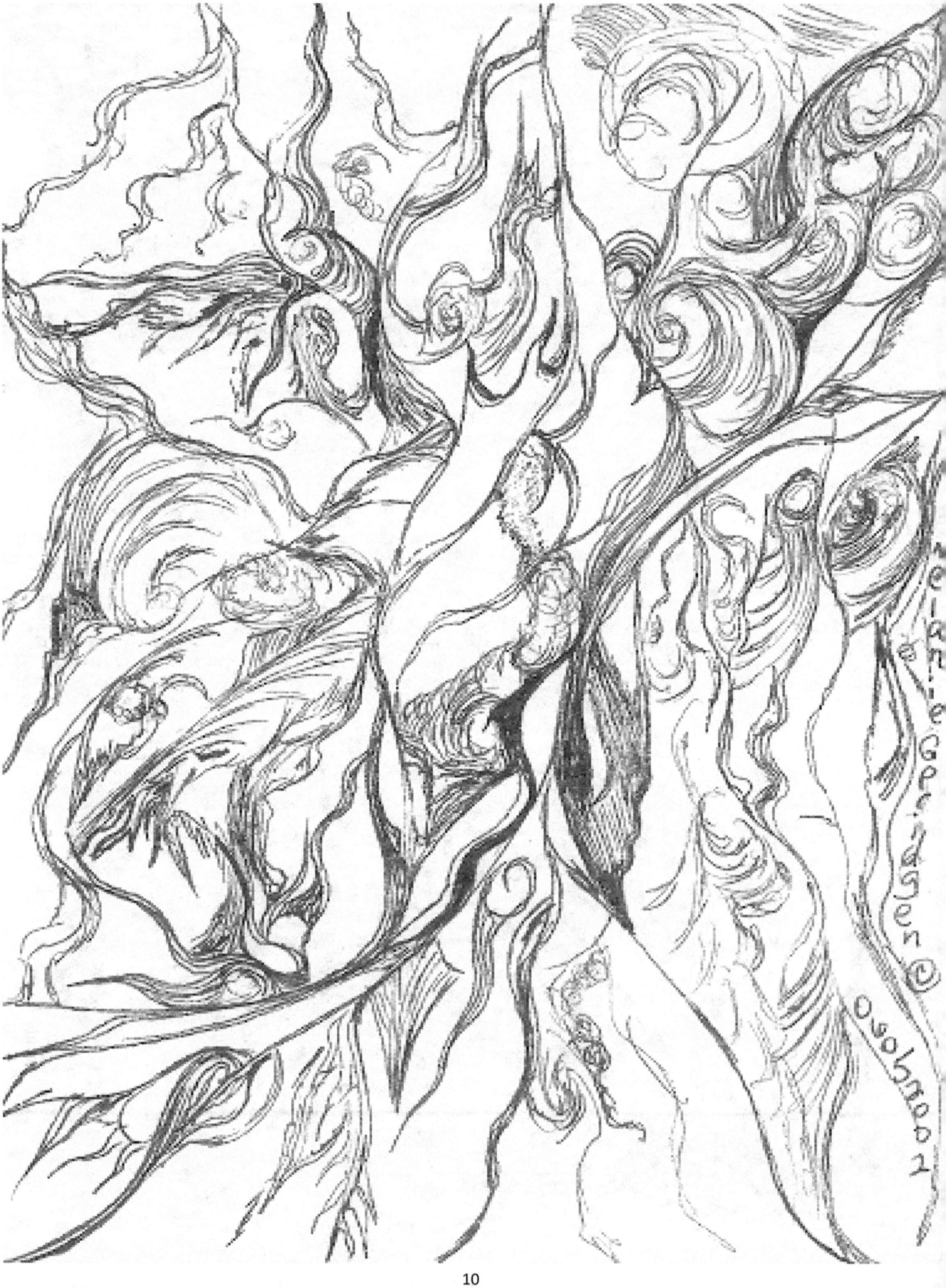

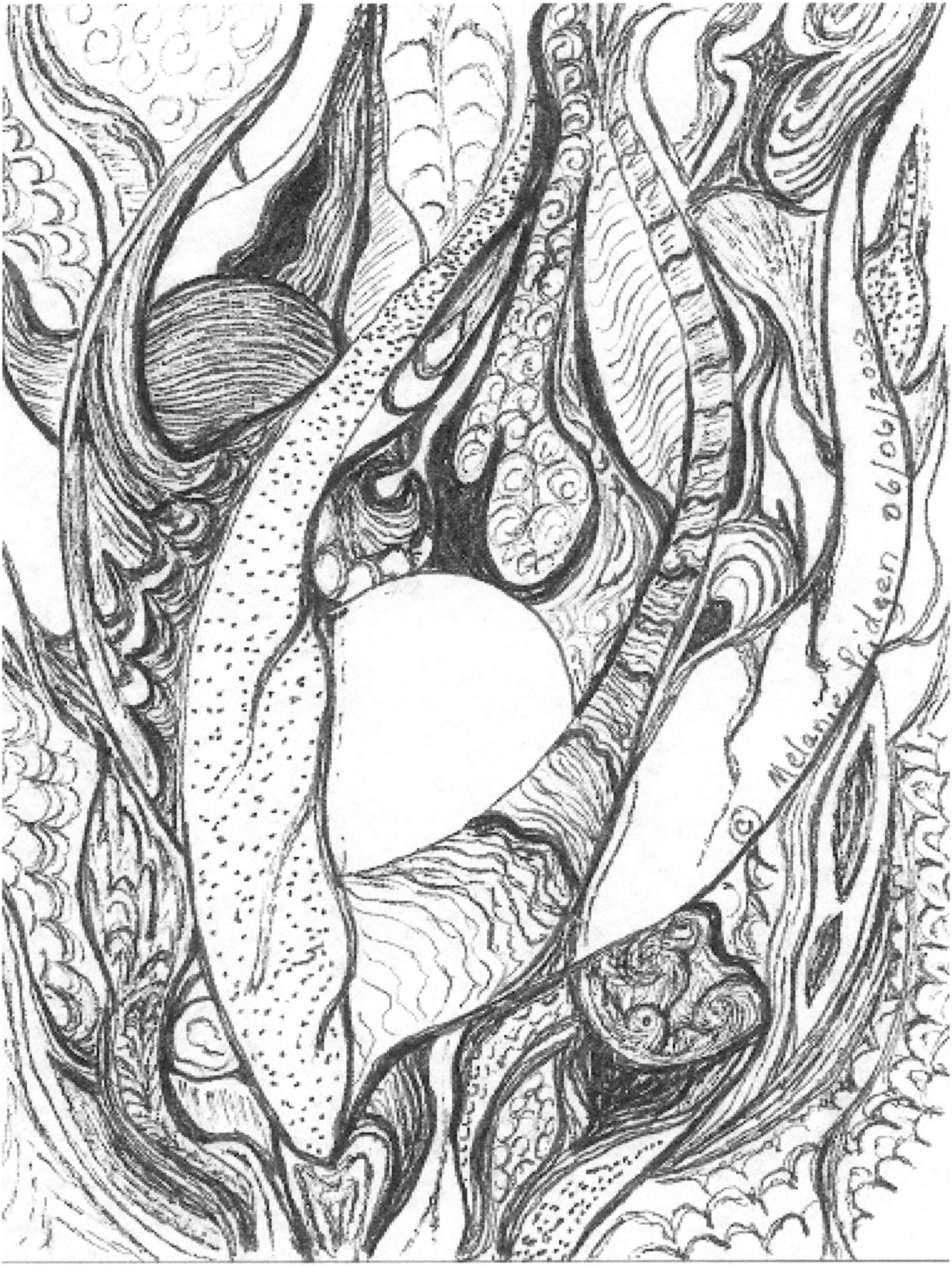

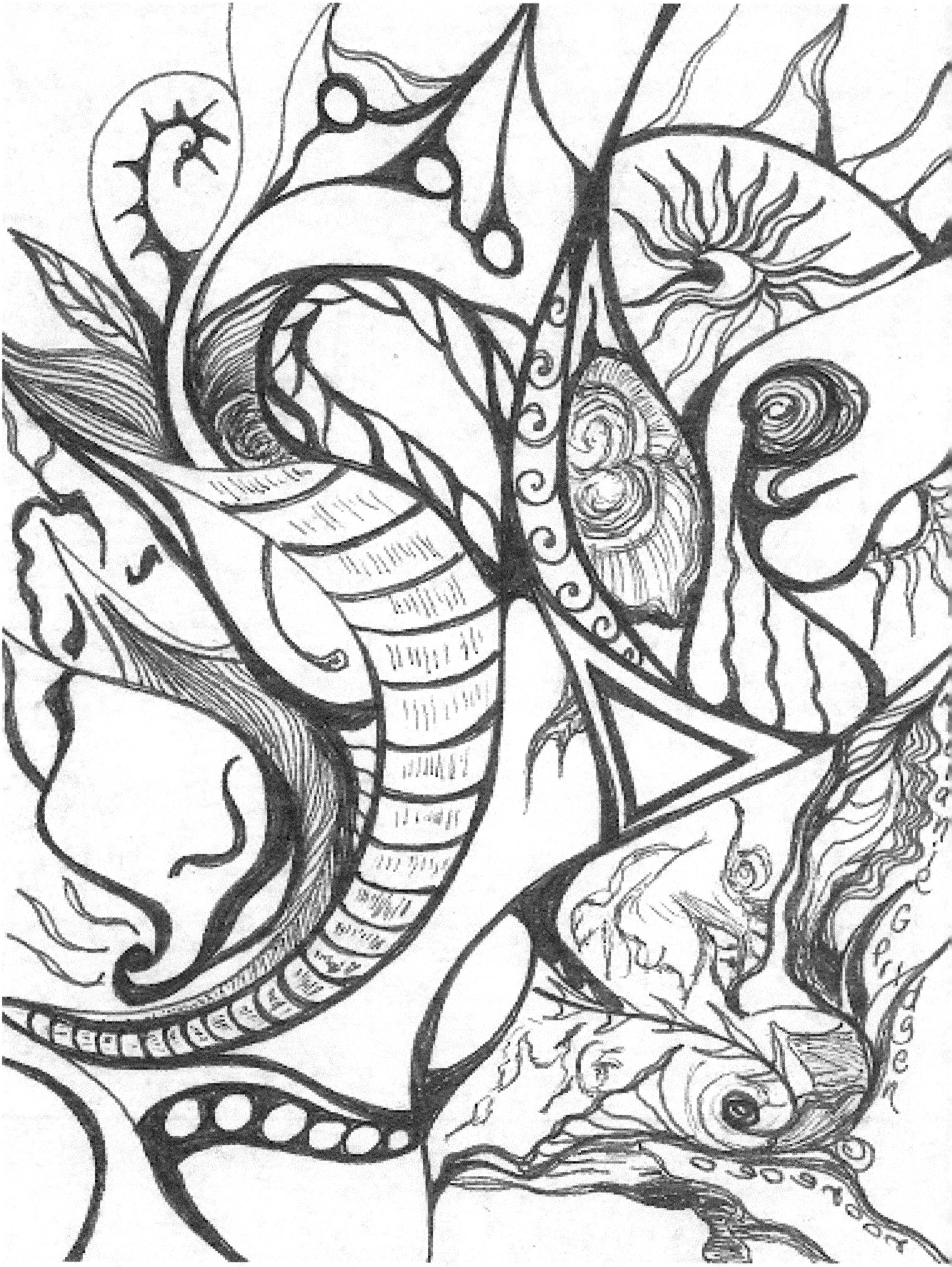

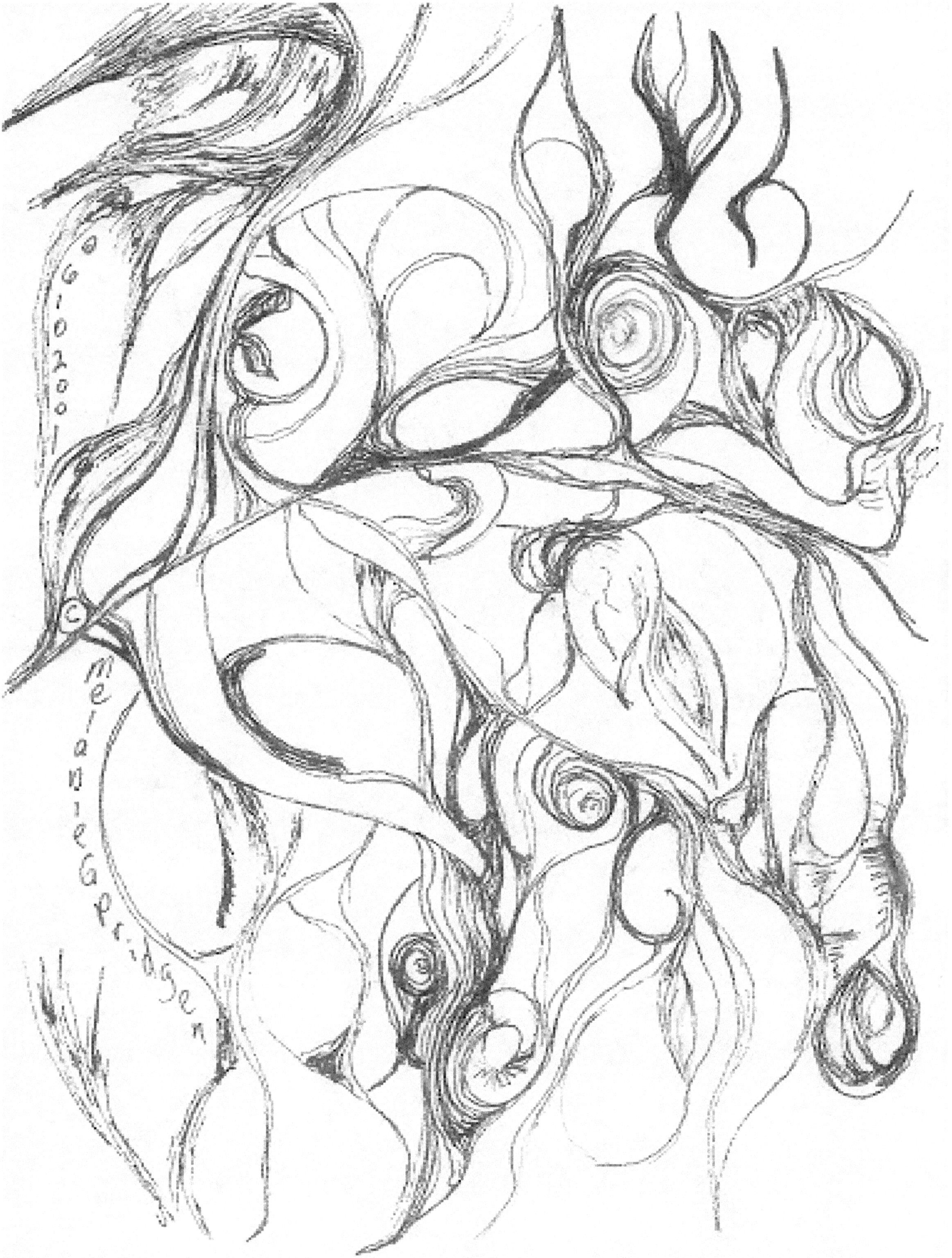

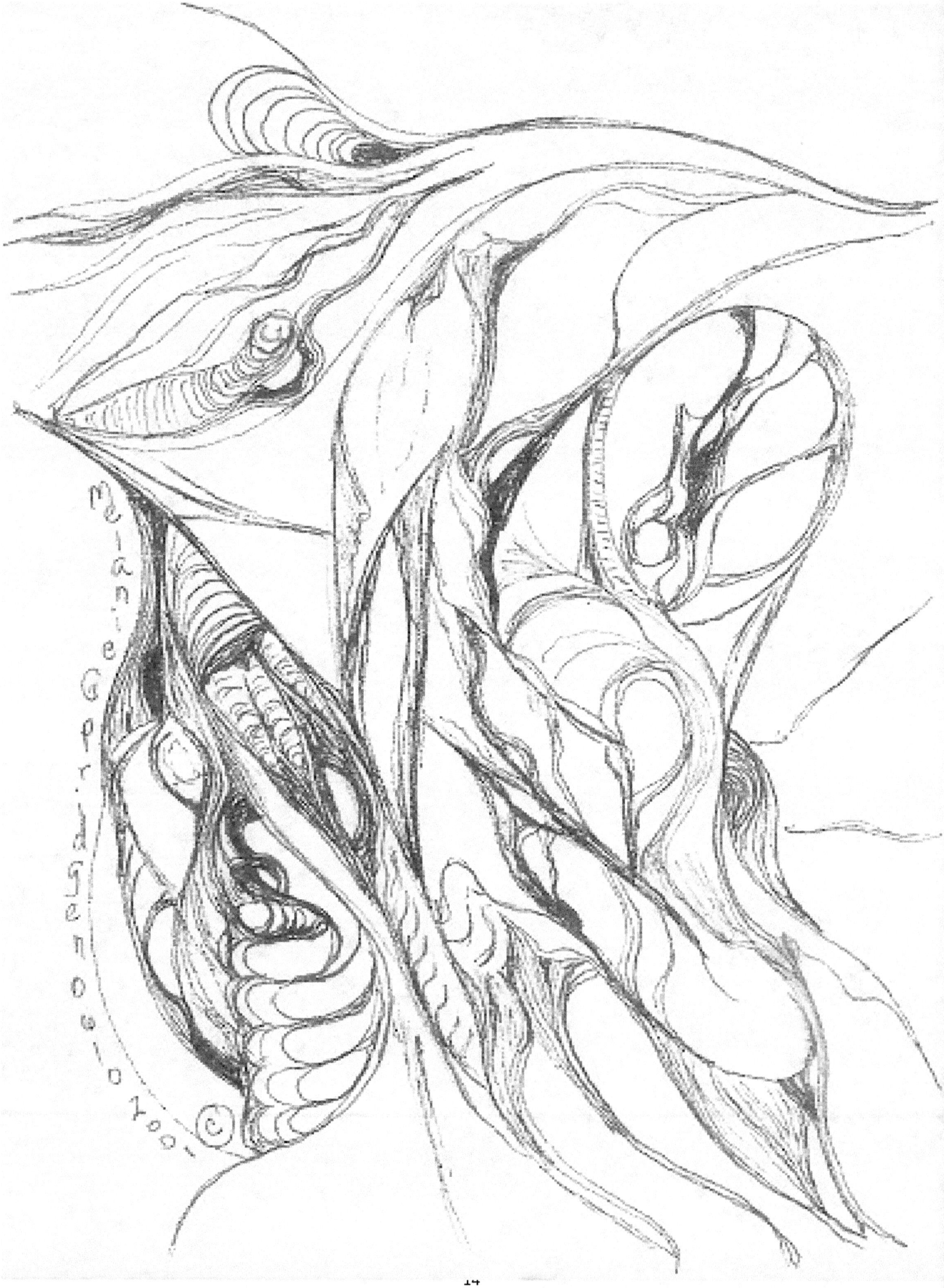

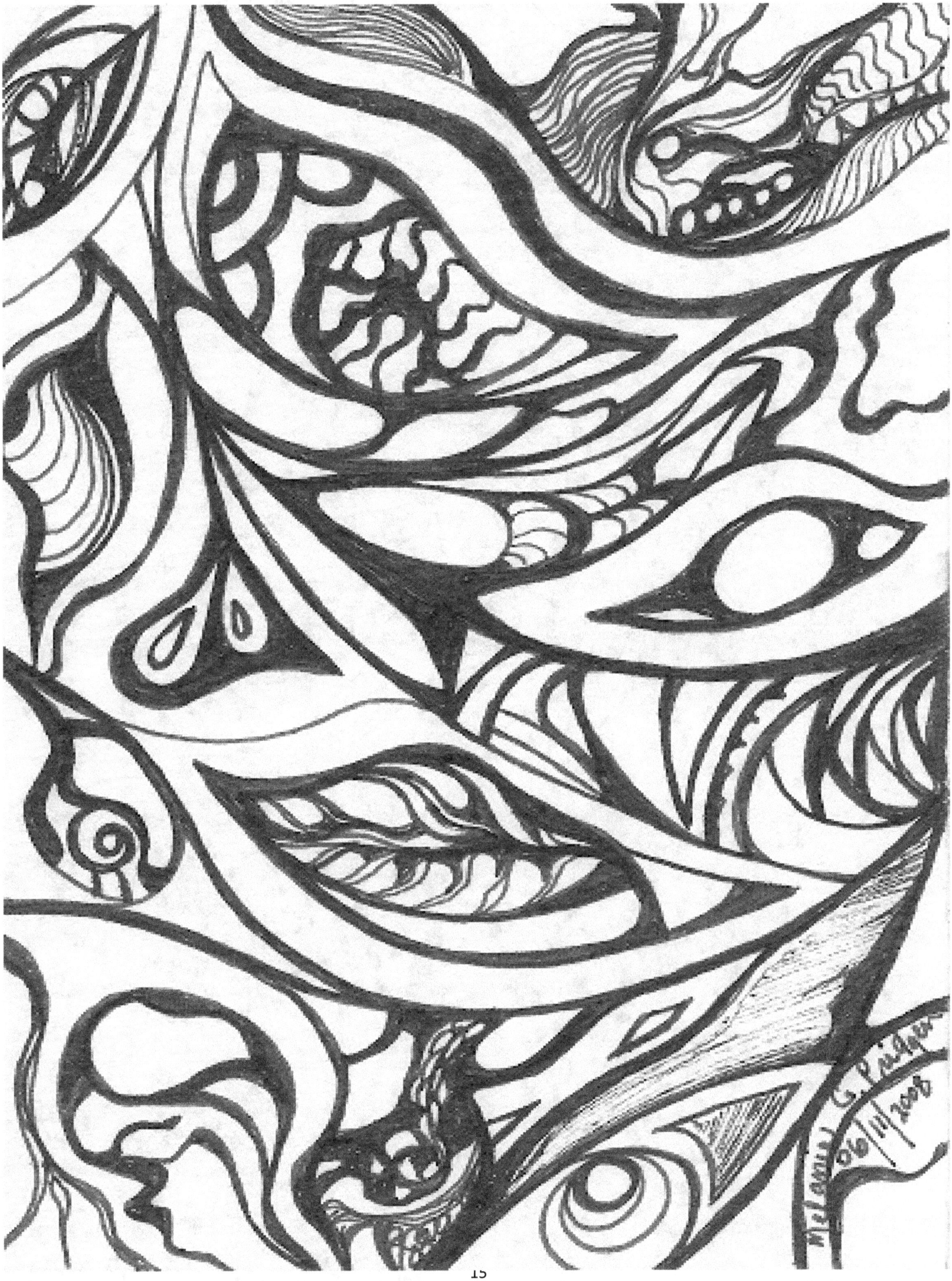
06/11/2008

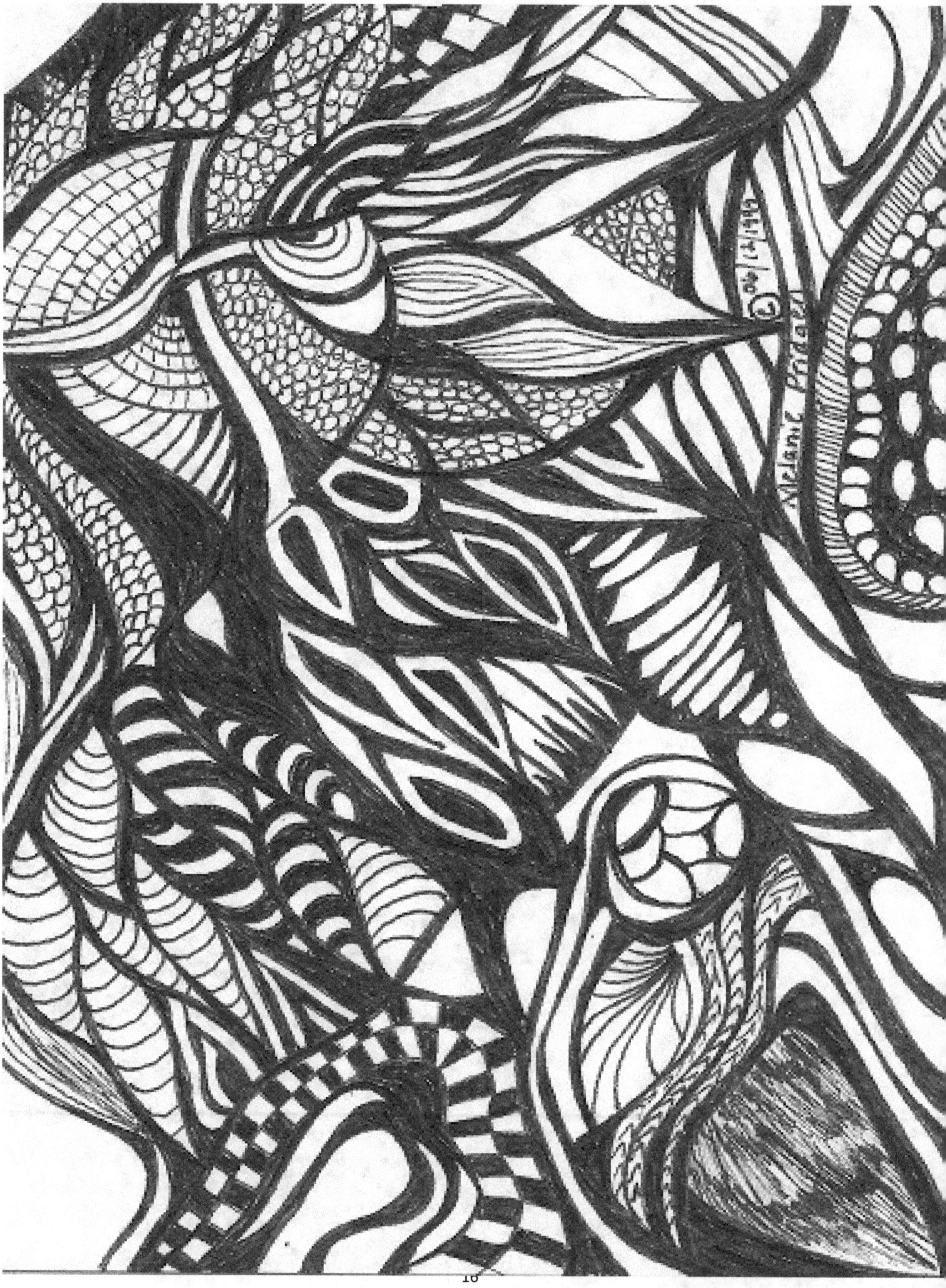

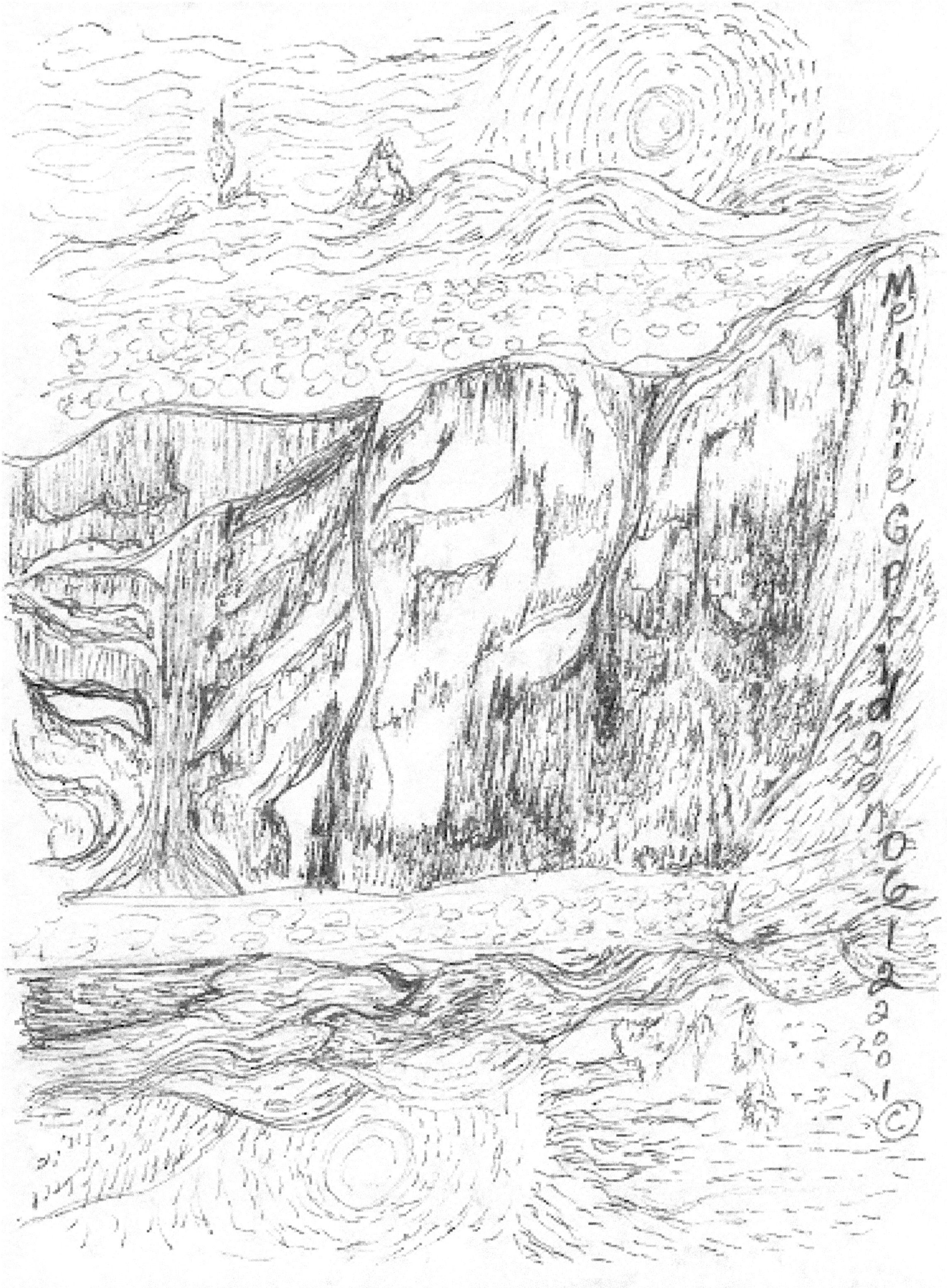

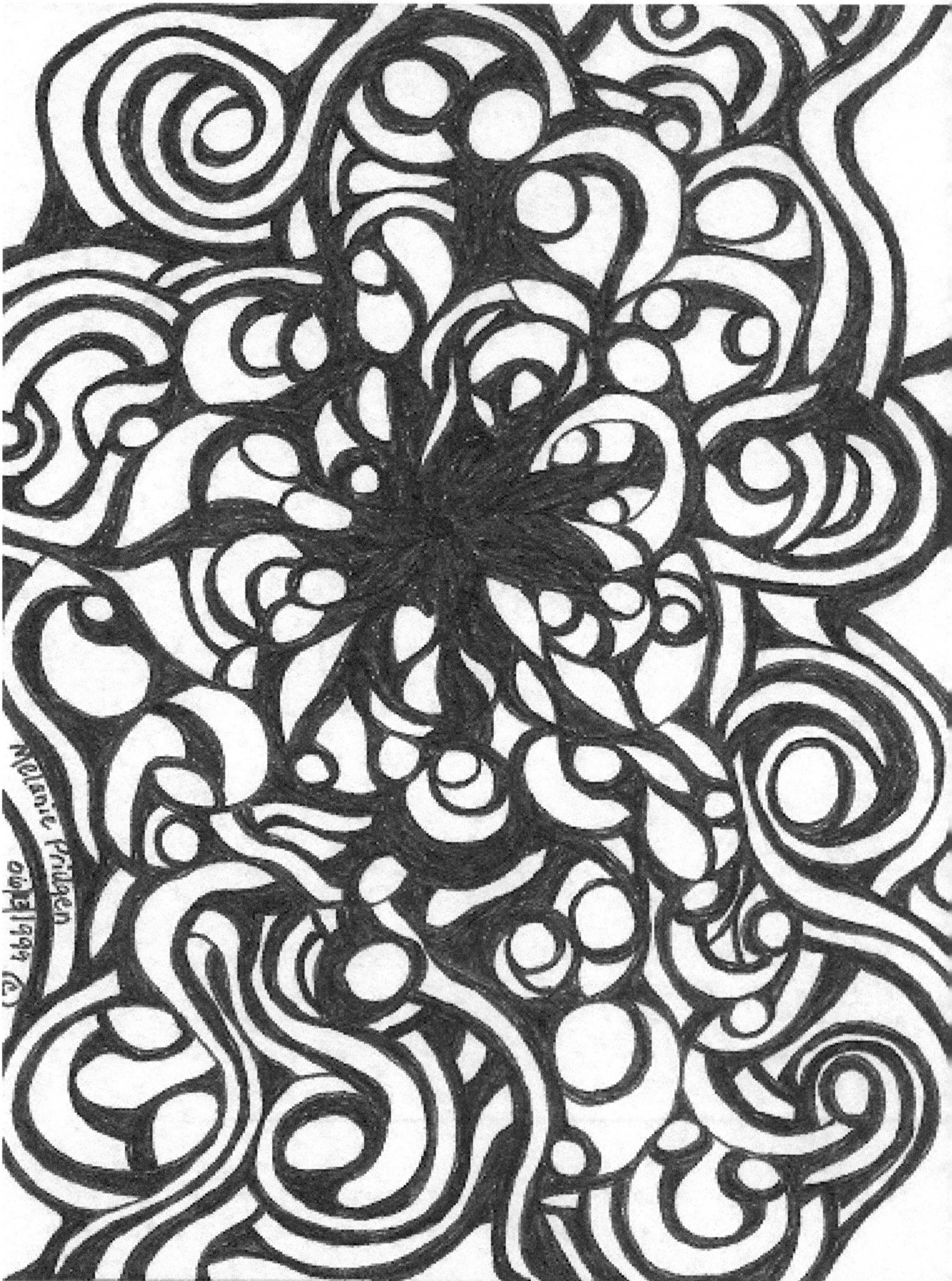

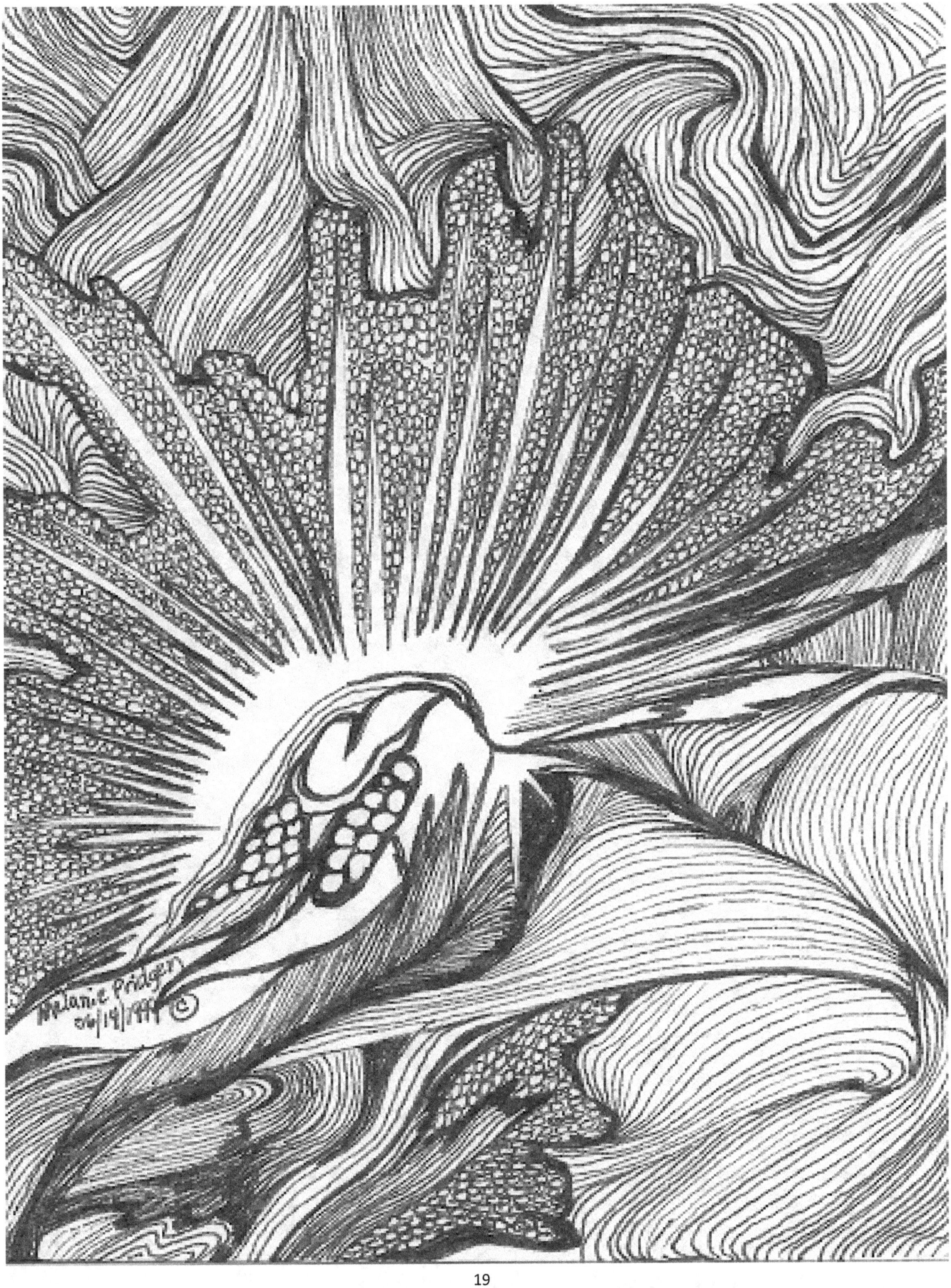
Melanie Pridgen
©

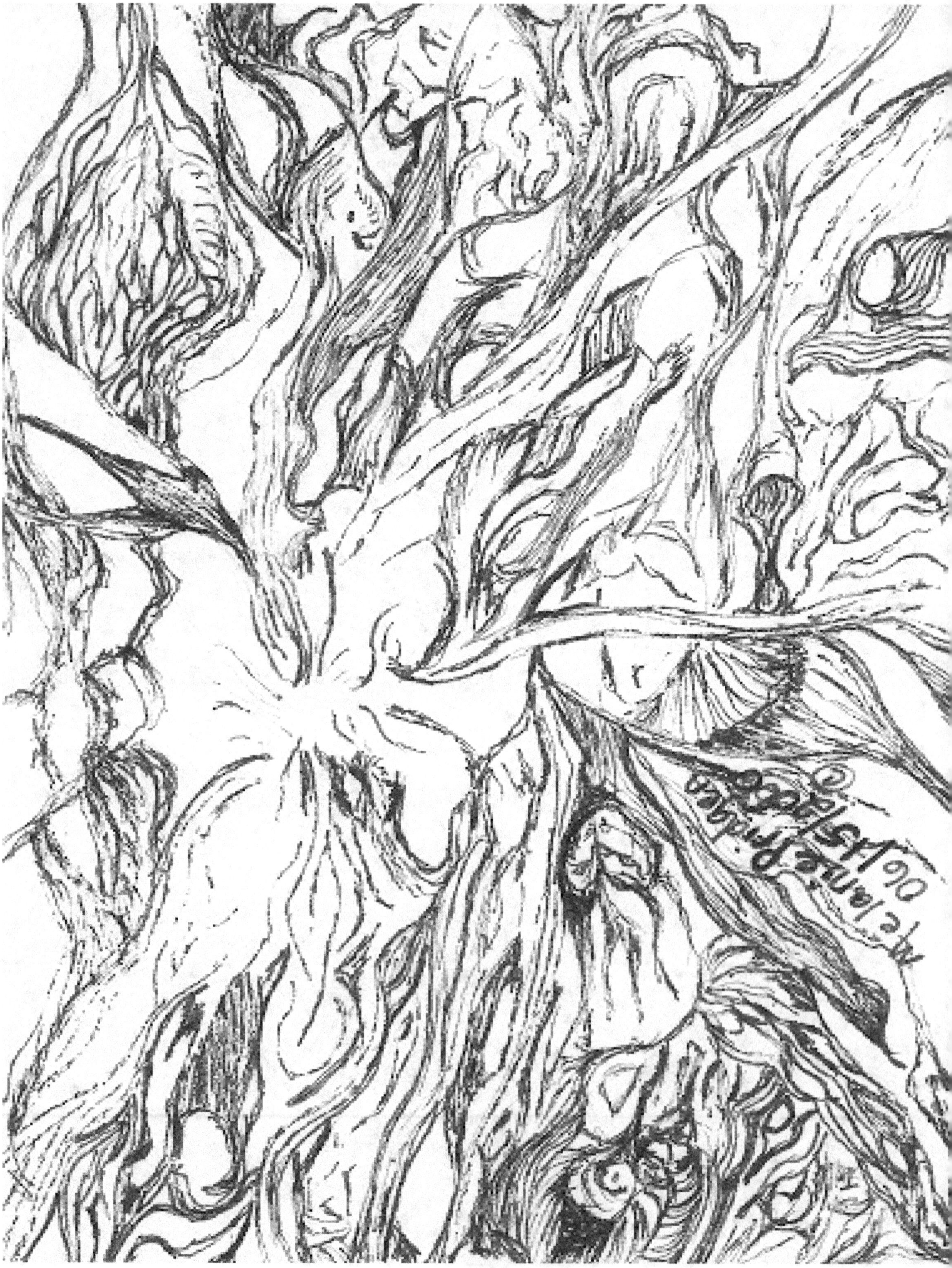

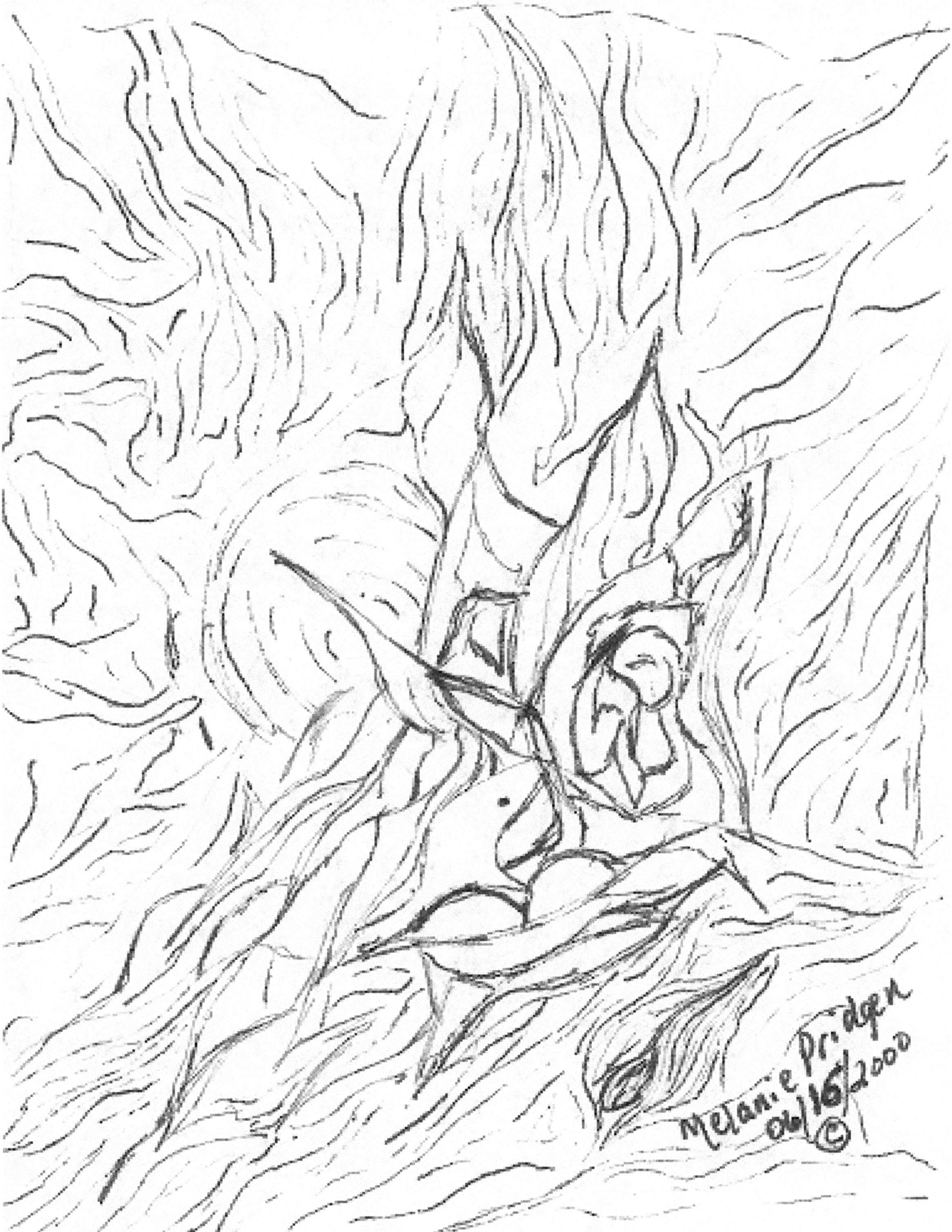
Melanie Pridgen
06/16/2000
©

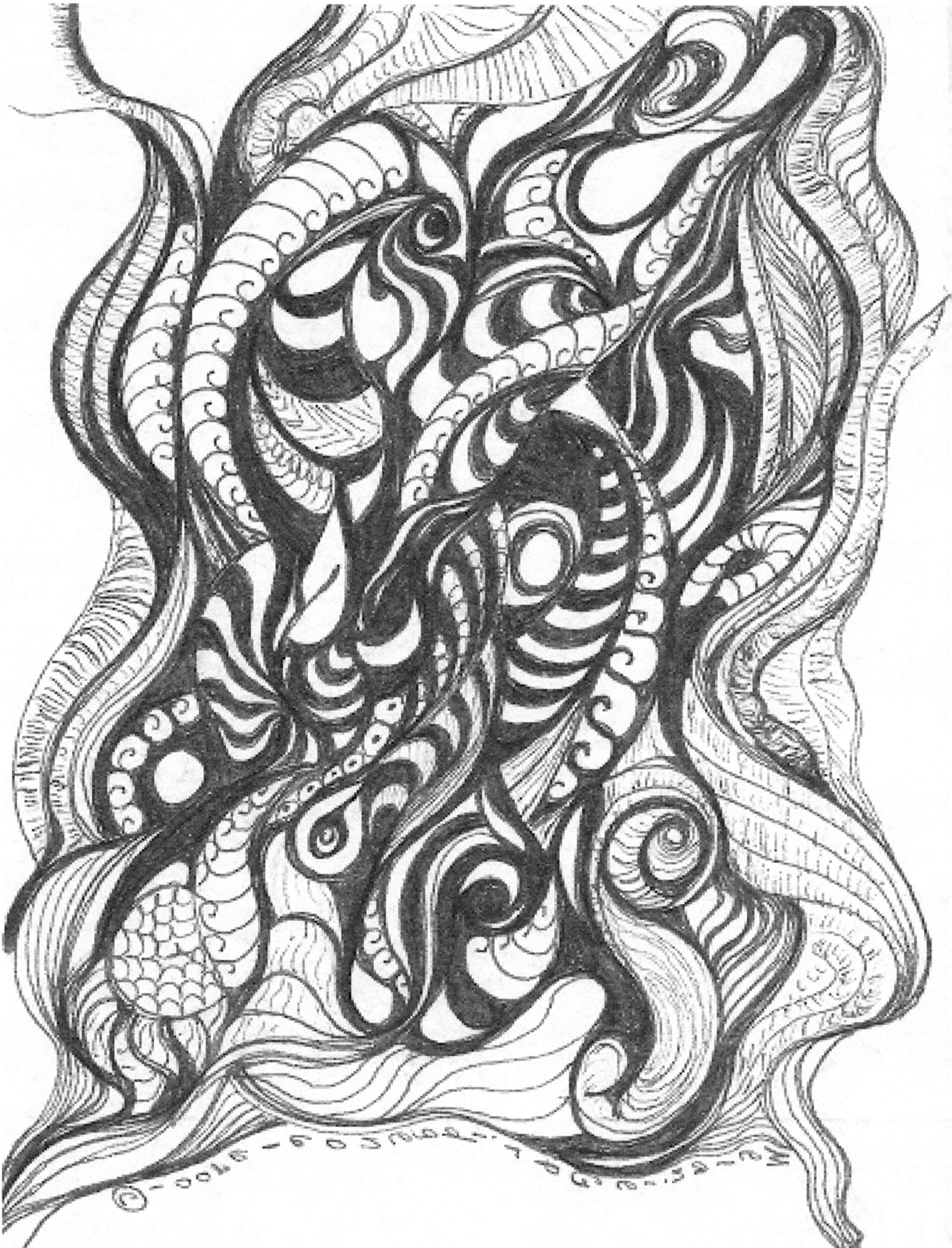

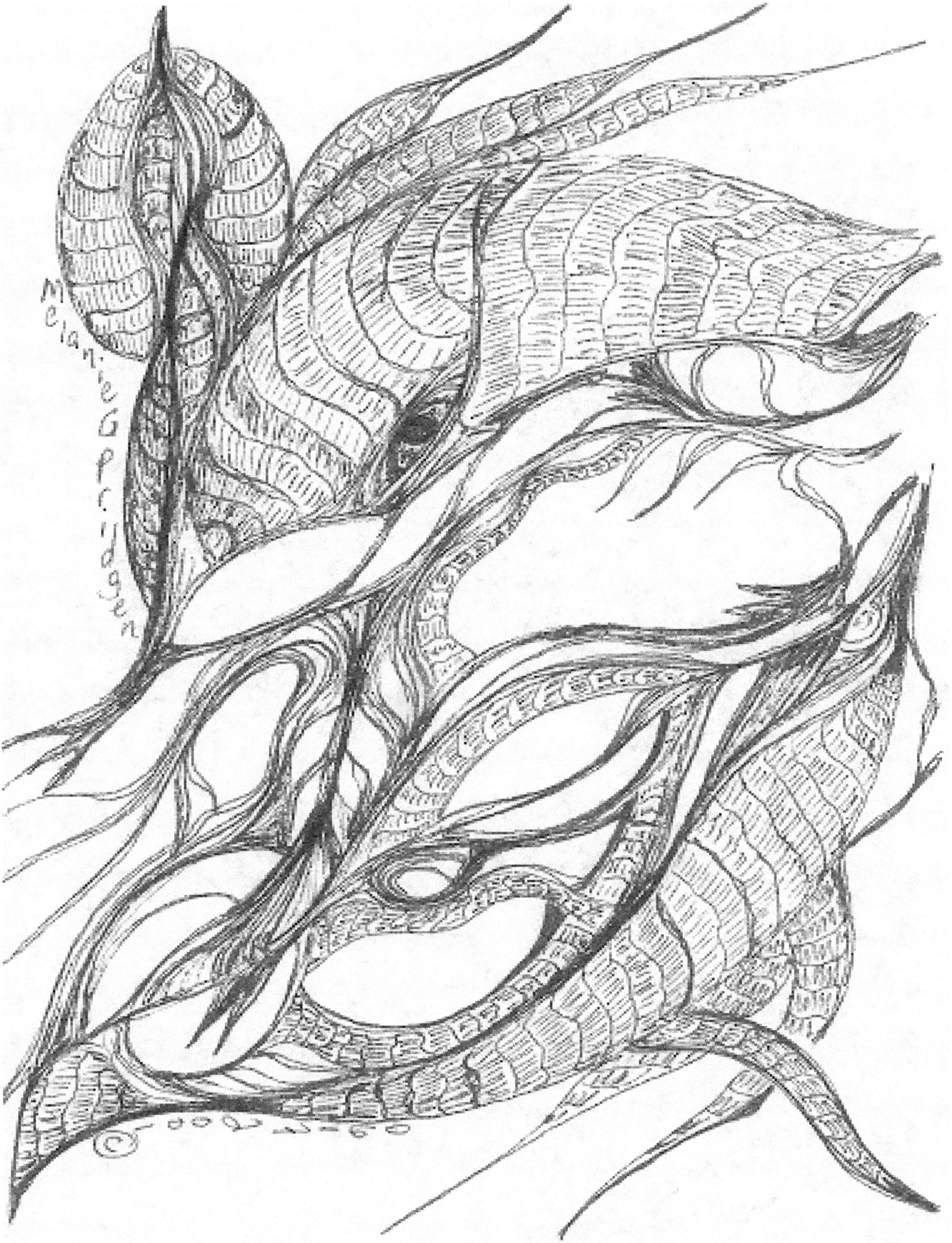
Melanie G Pridgen

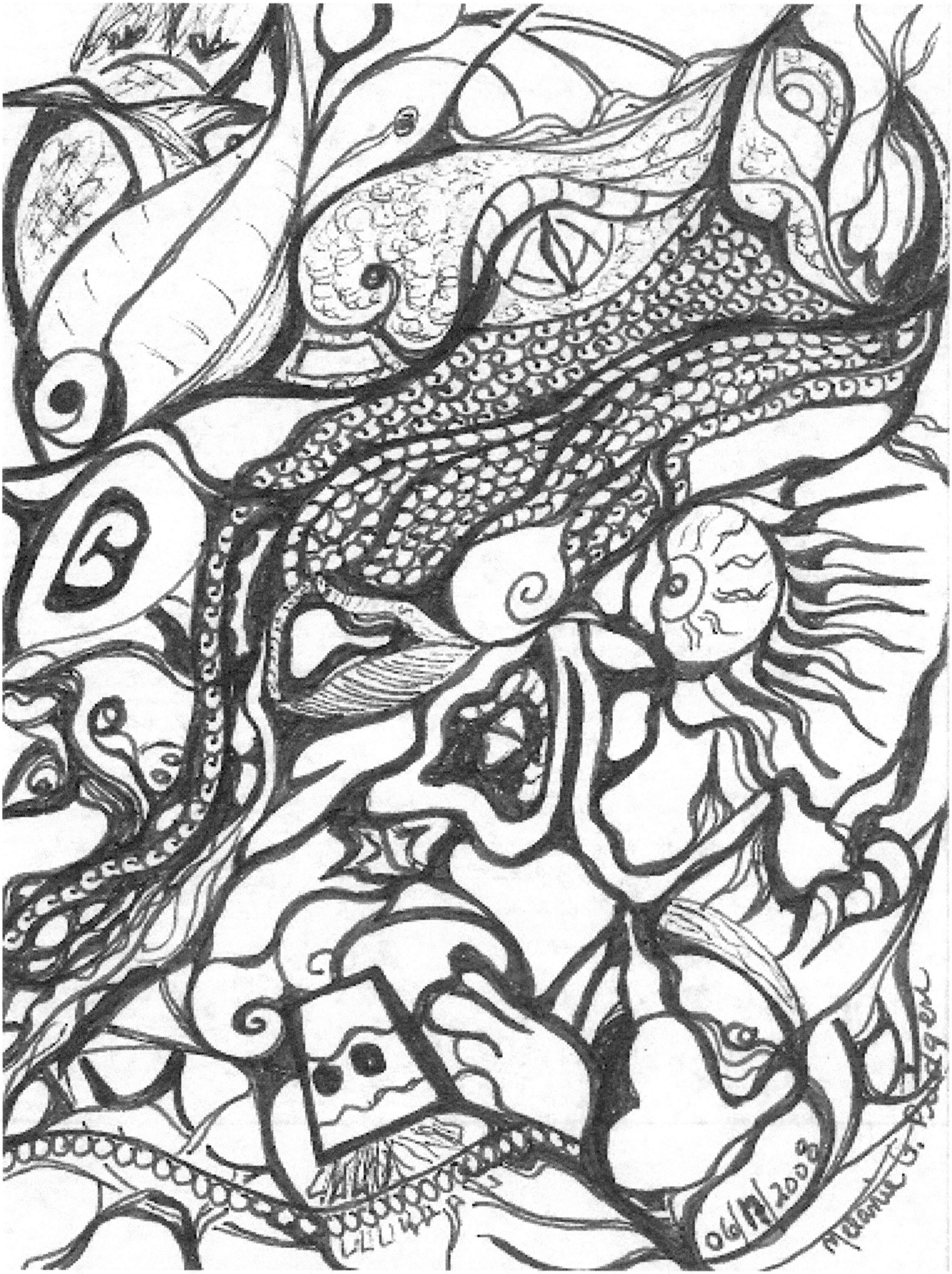
06/11/2008

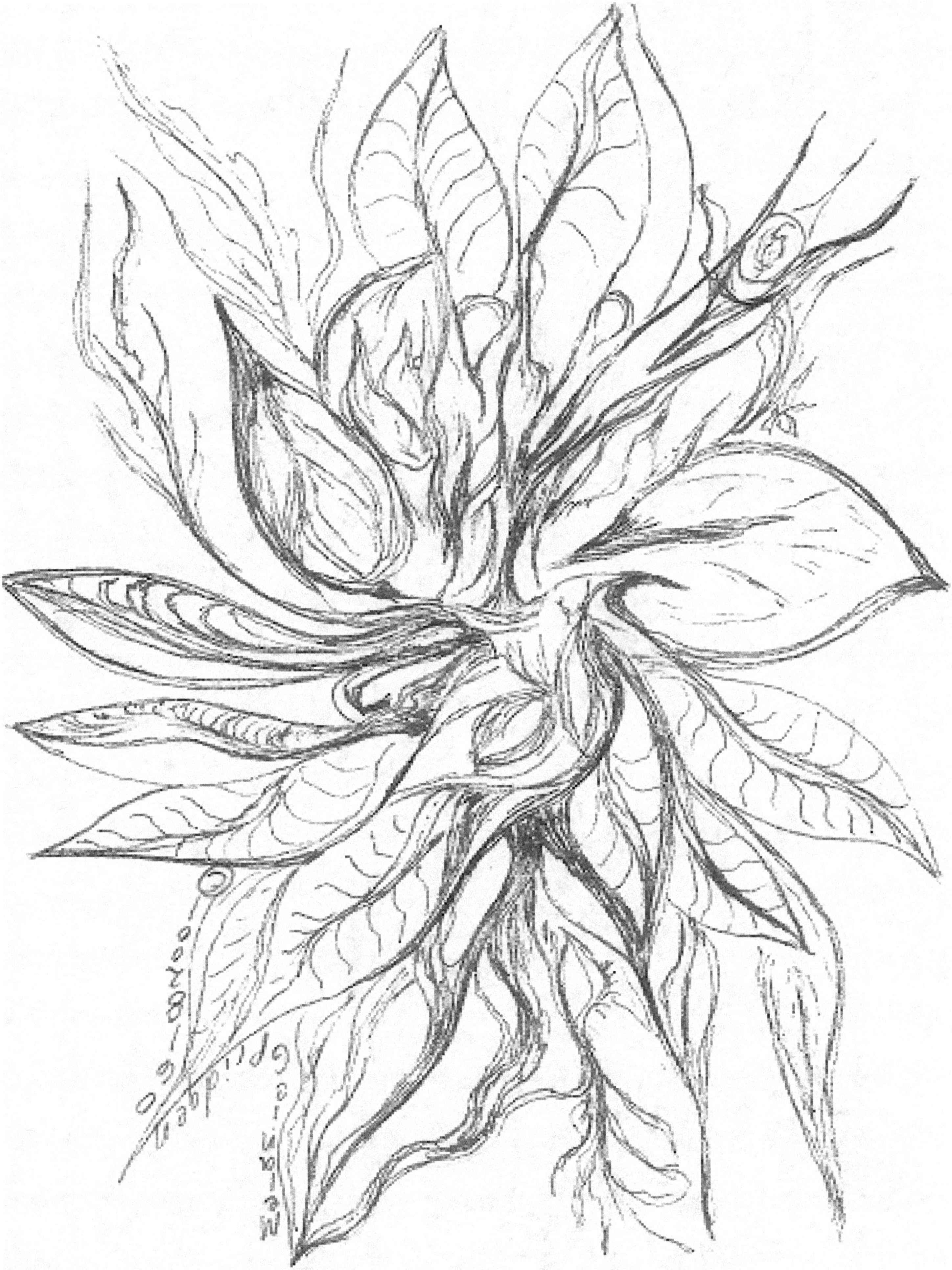

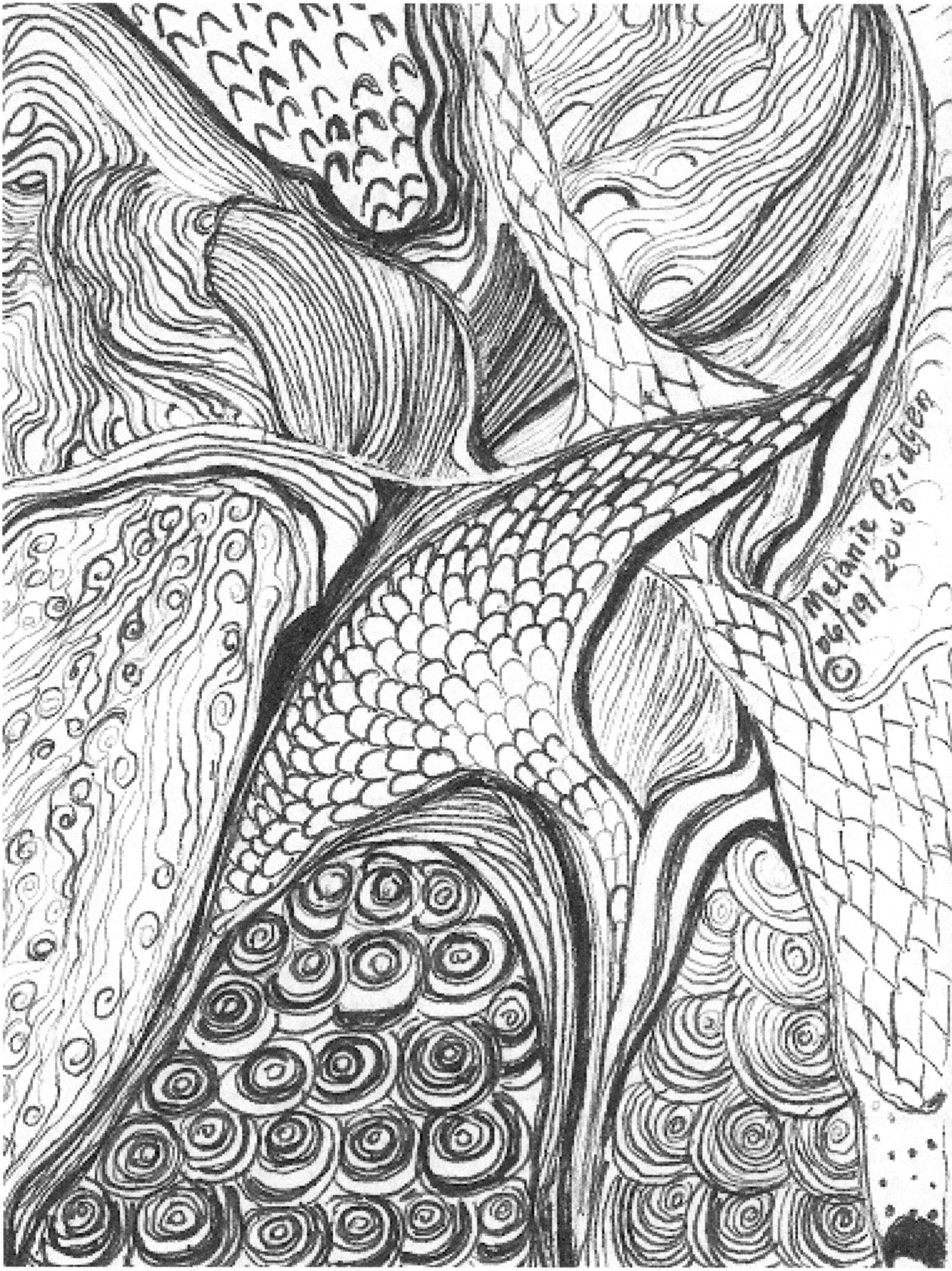
Melanie Bridgen

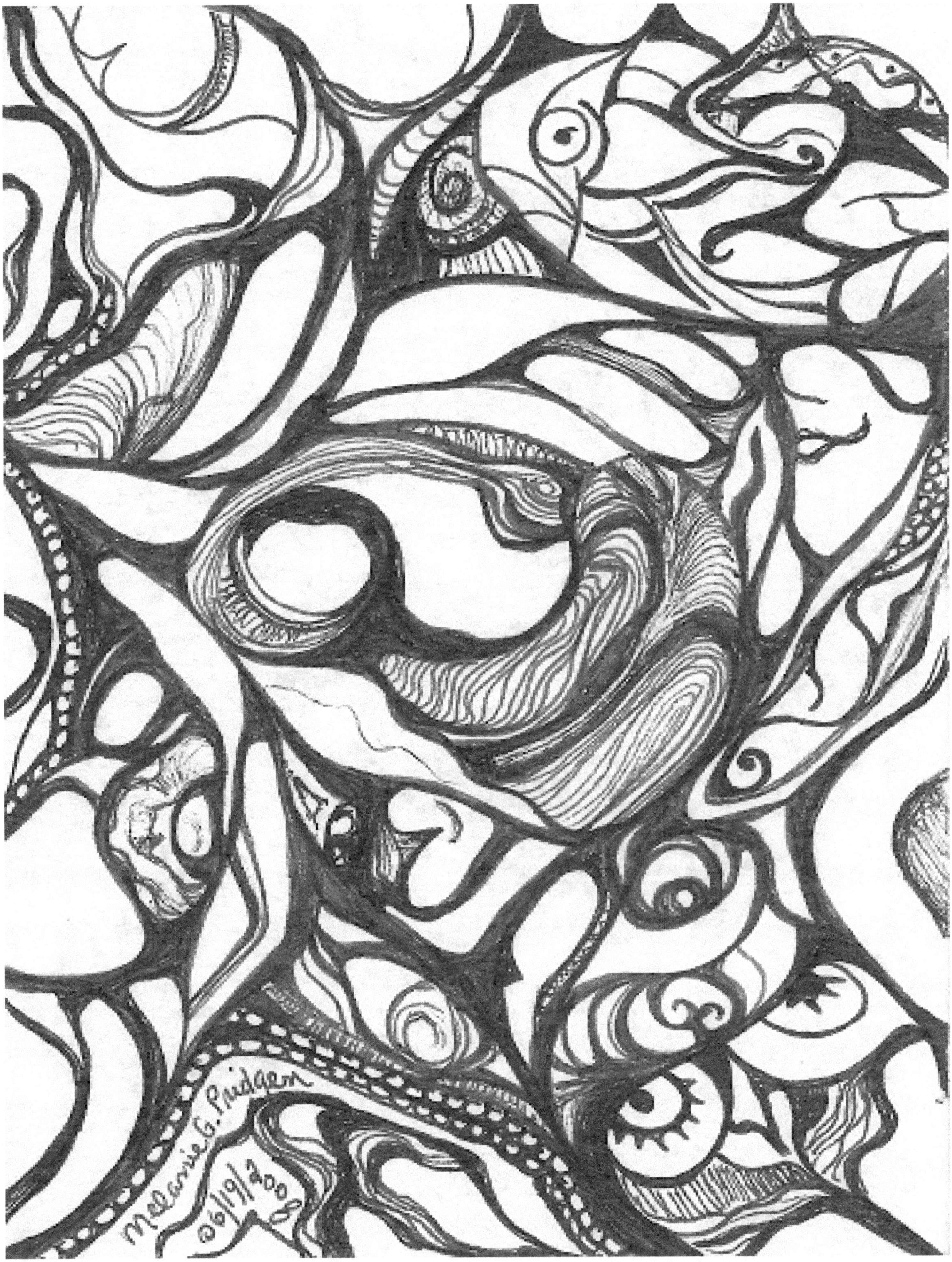
Mellanie G. Pridgen
06/19/2008

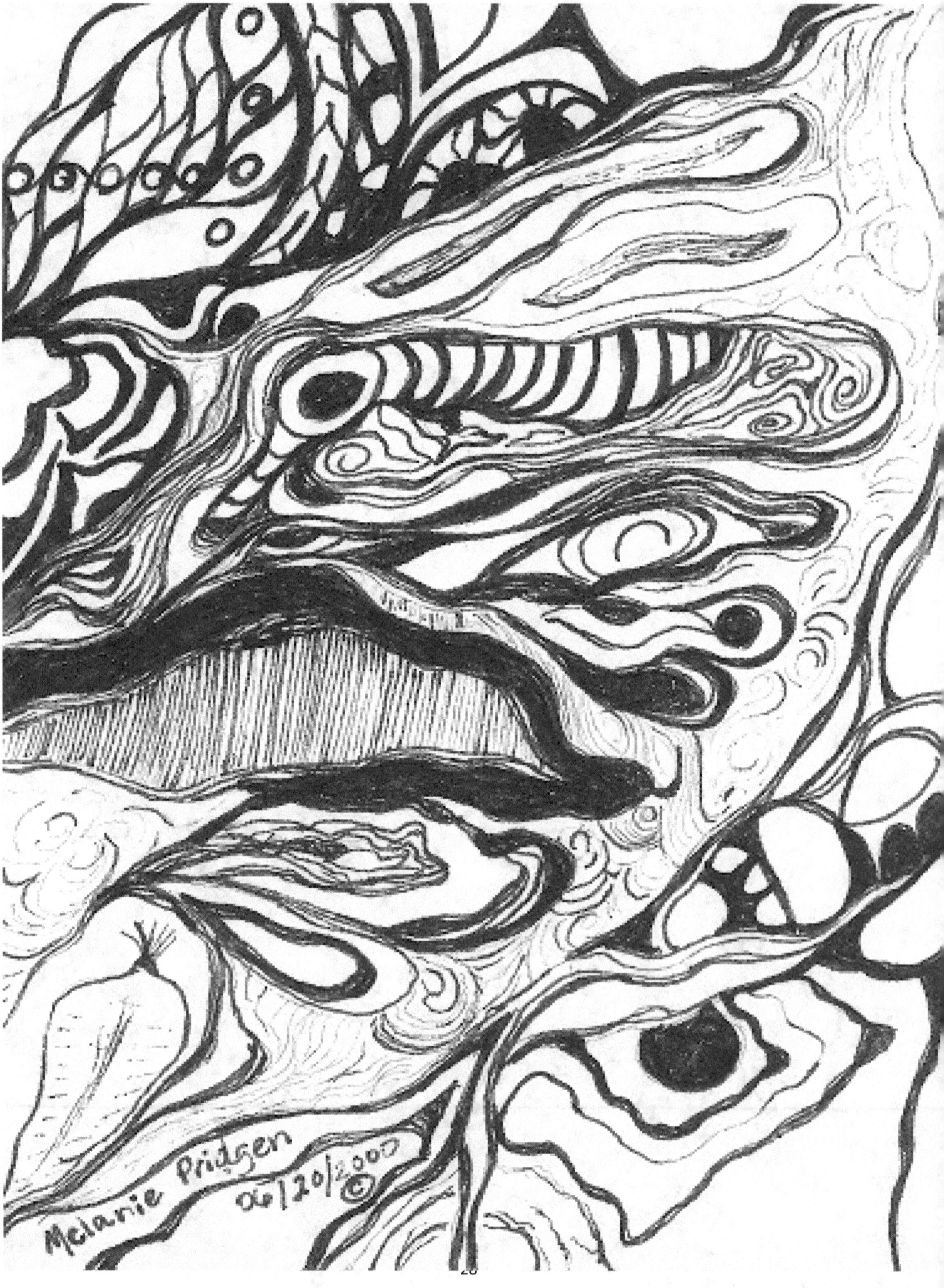
Melanie Pridgen
06/20/2007 ©

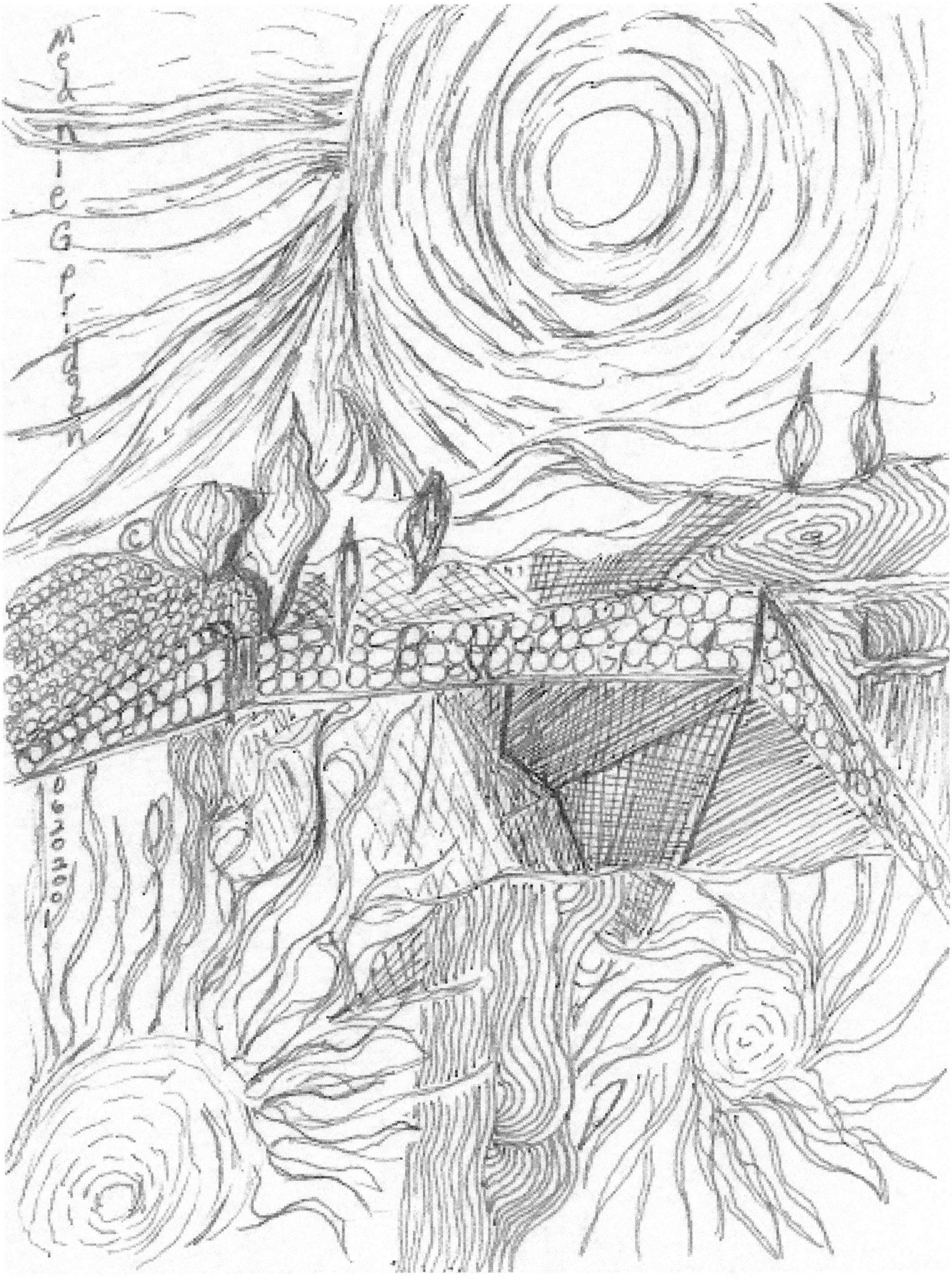

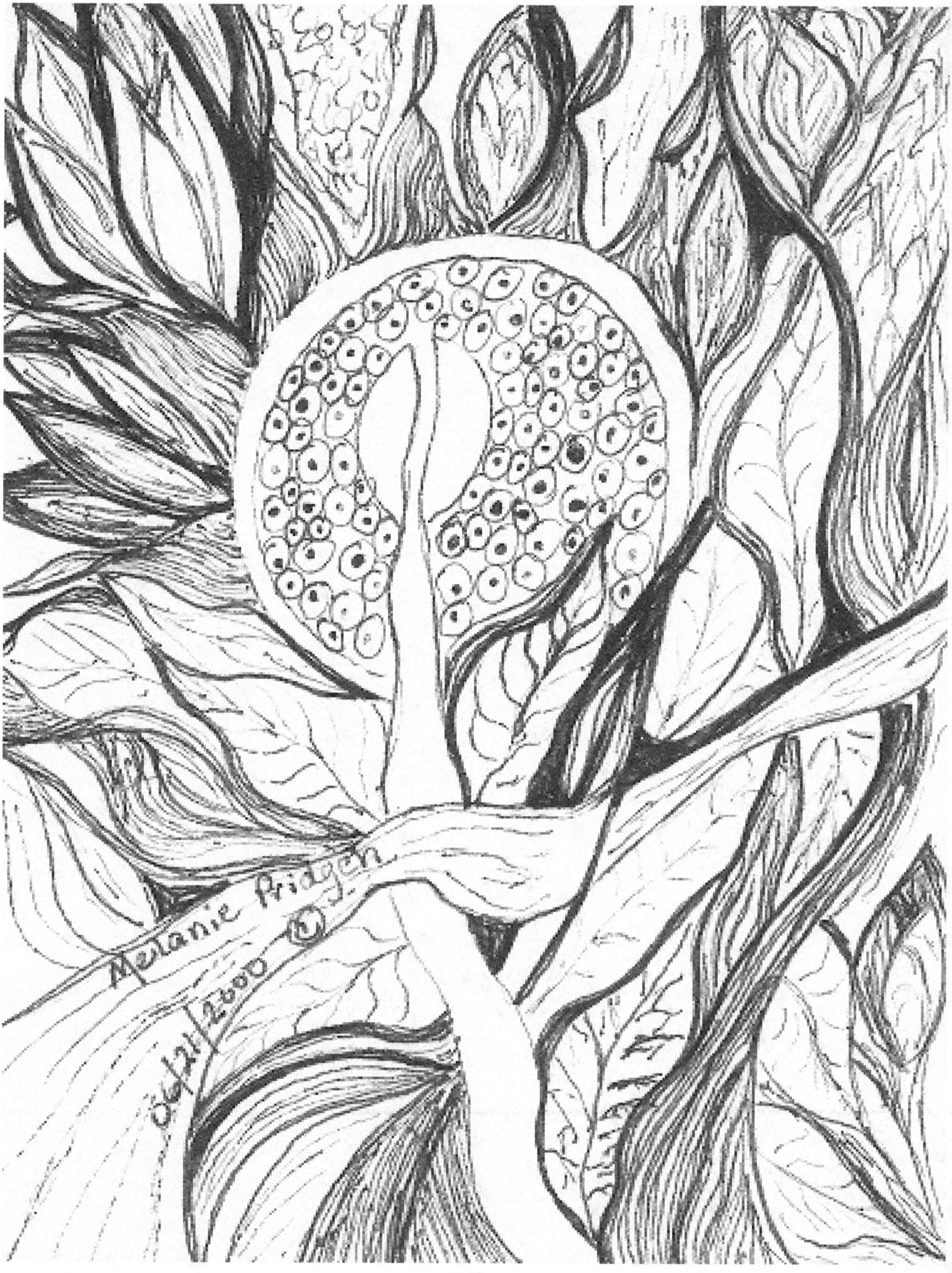
Melanie Pridgen
Oct/21/2000 ©

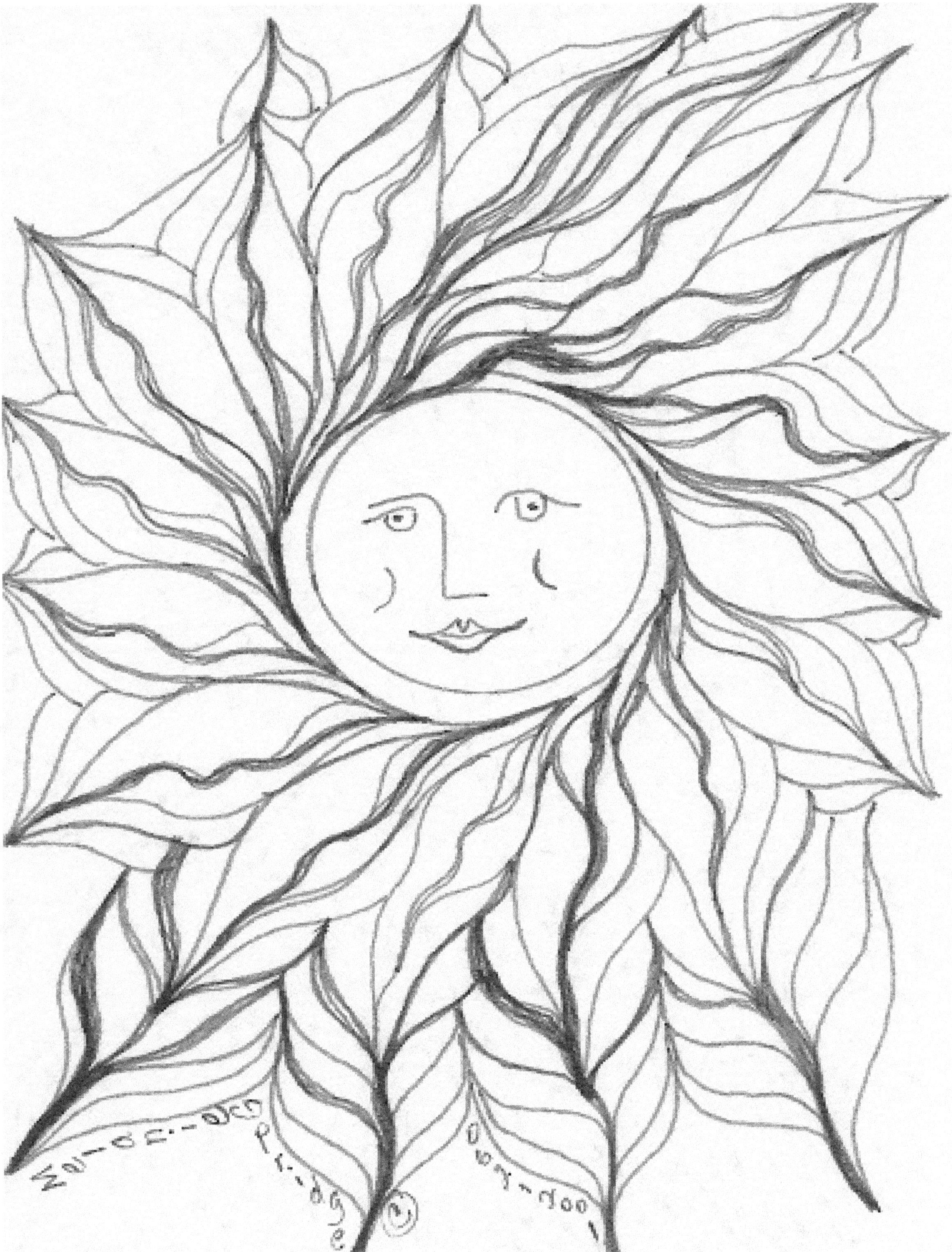

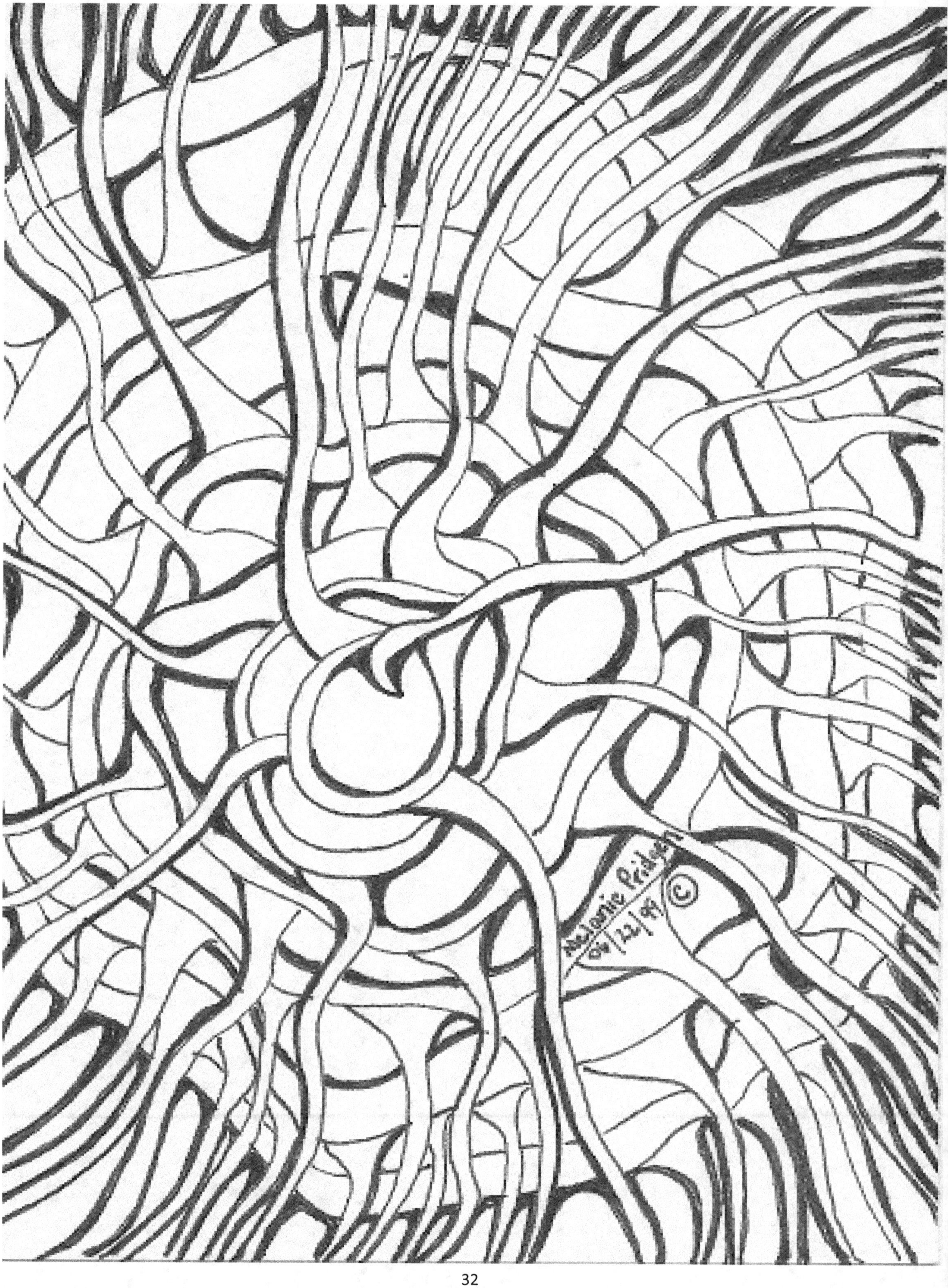
04 | 22 | 99
©

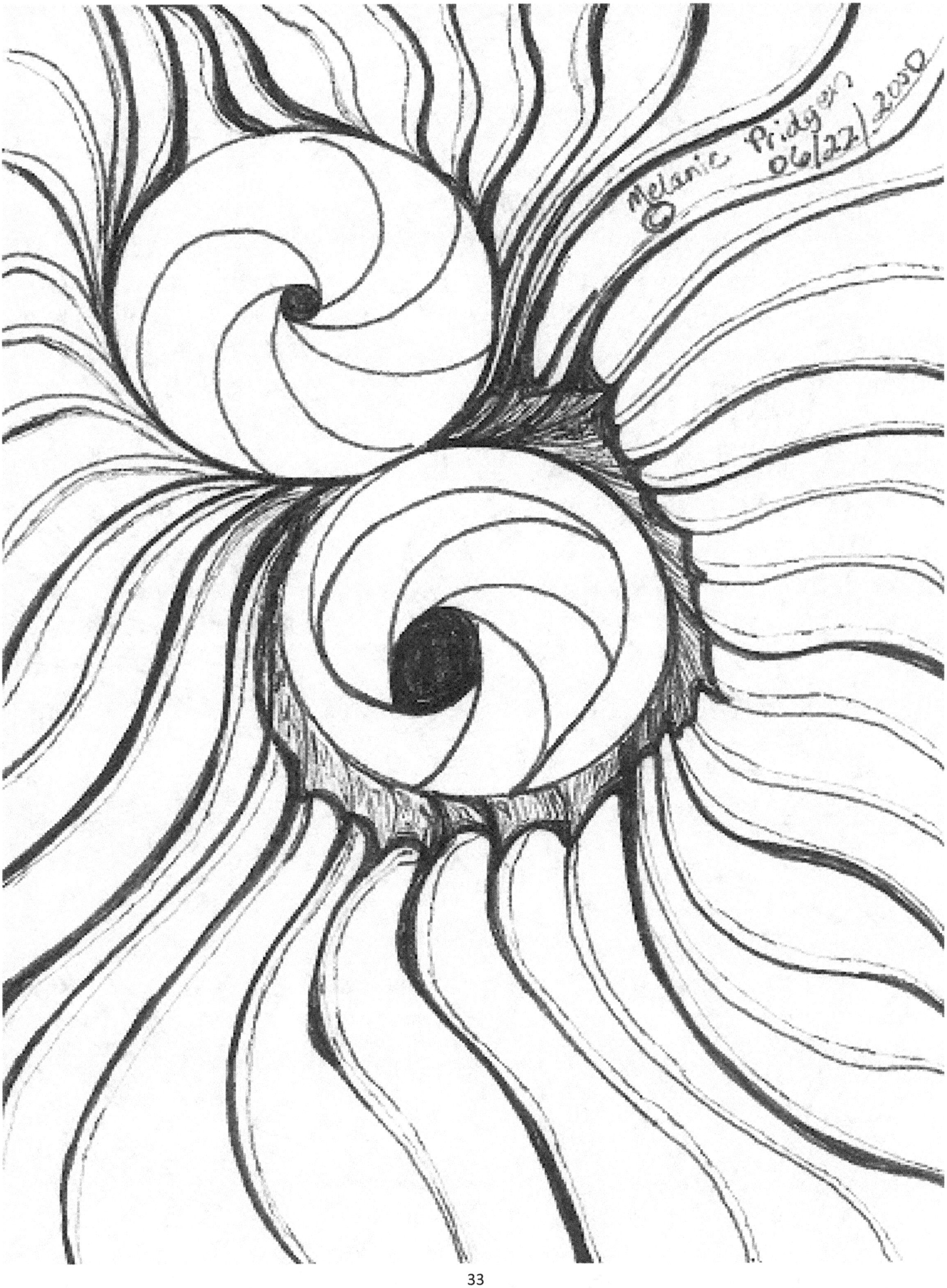
© Melanie Pridgen
06/22/2020

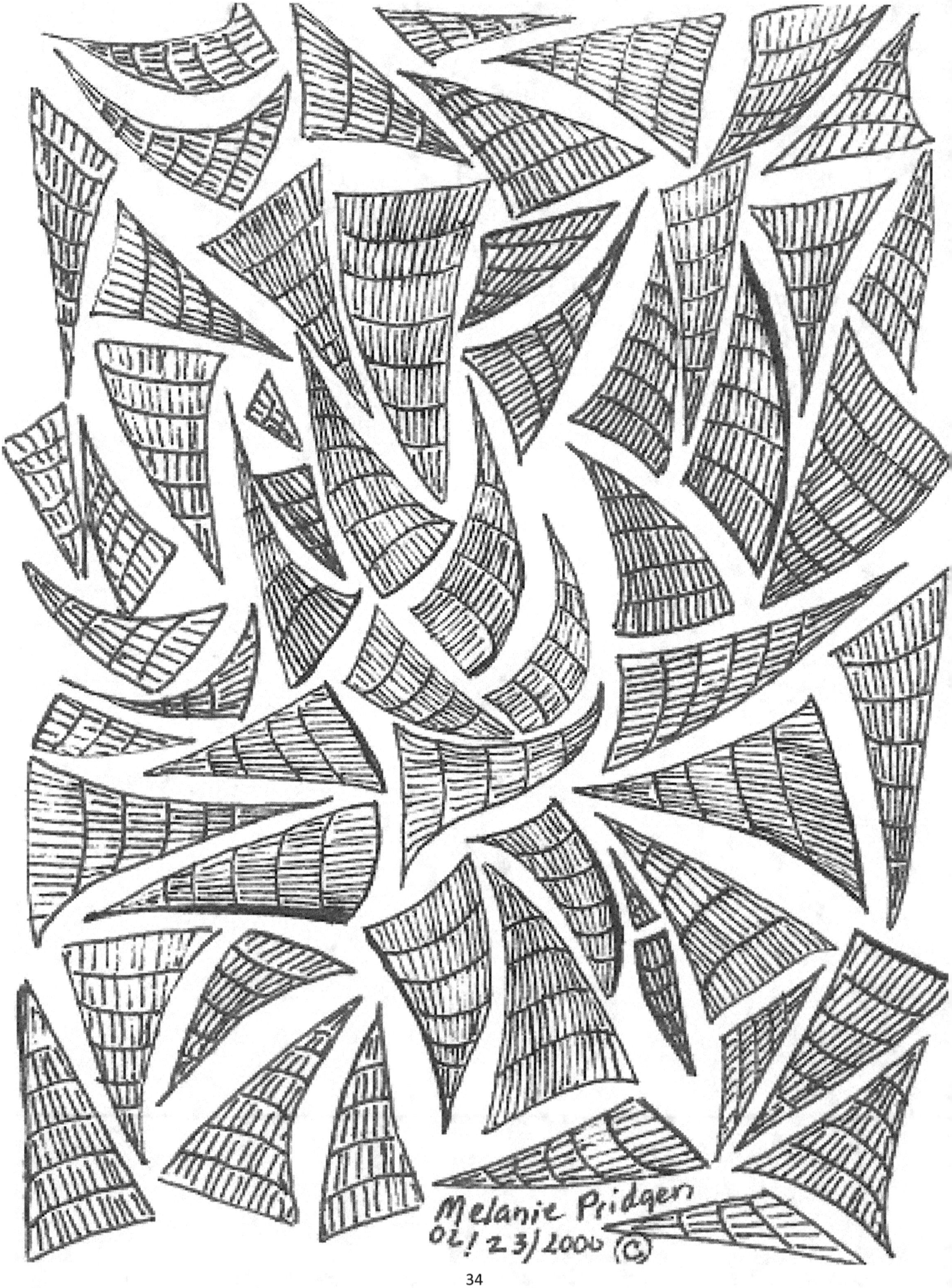
Melanie Pridgen
02/23/2006 ©

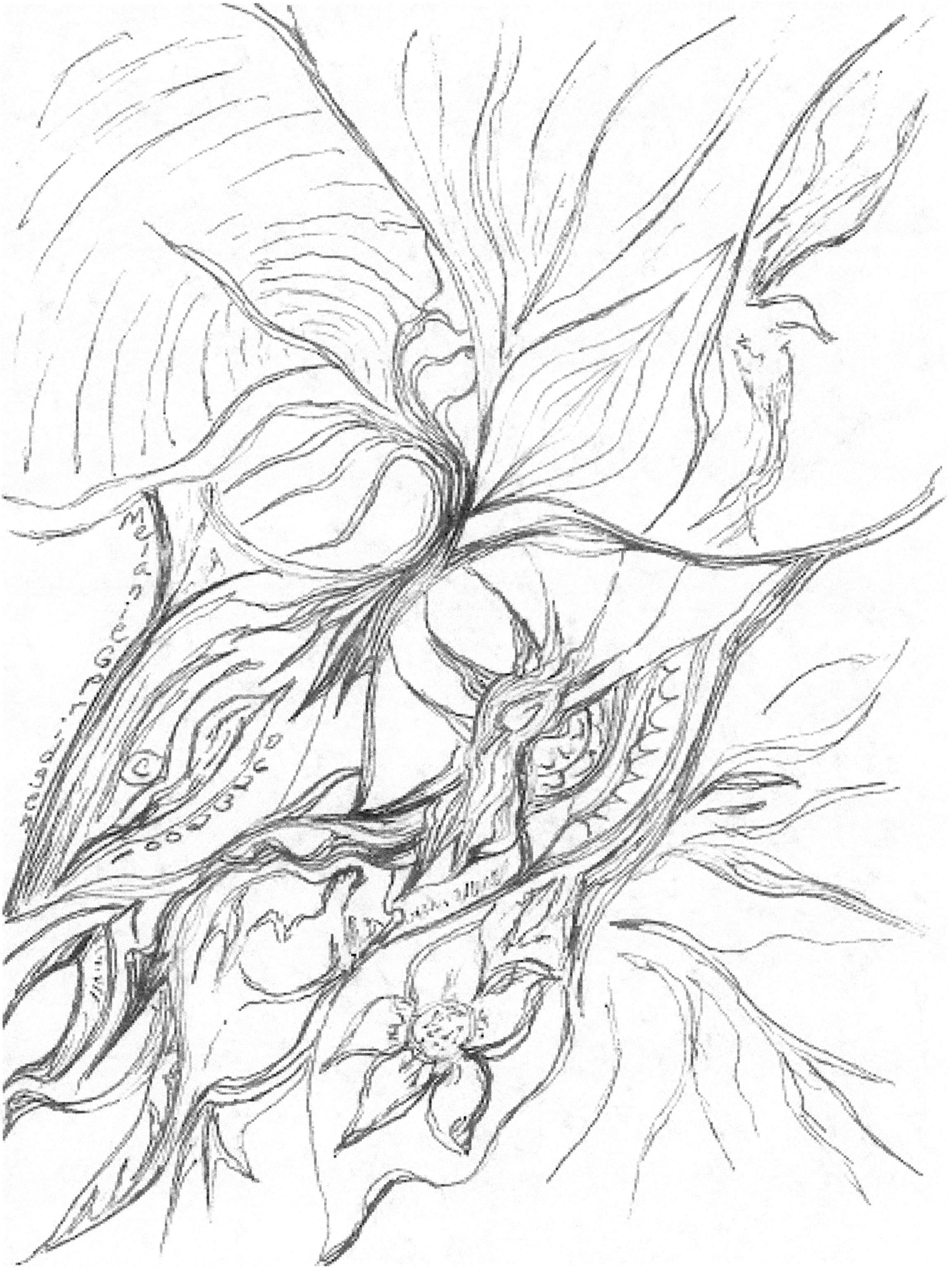

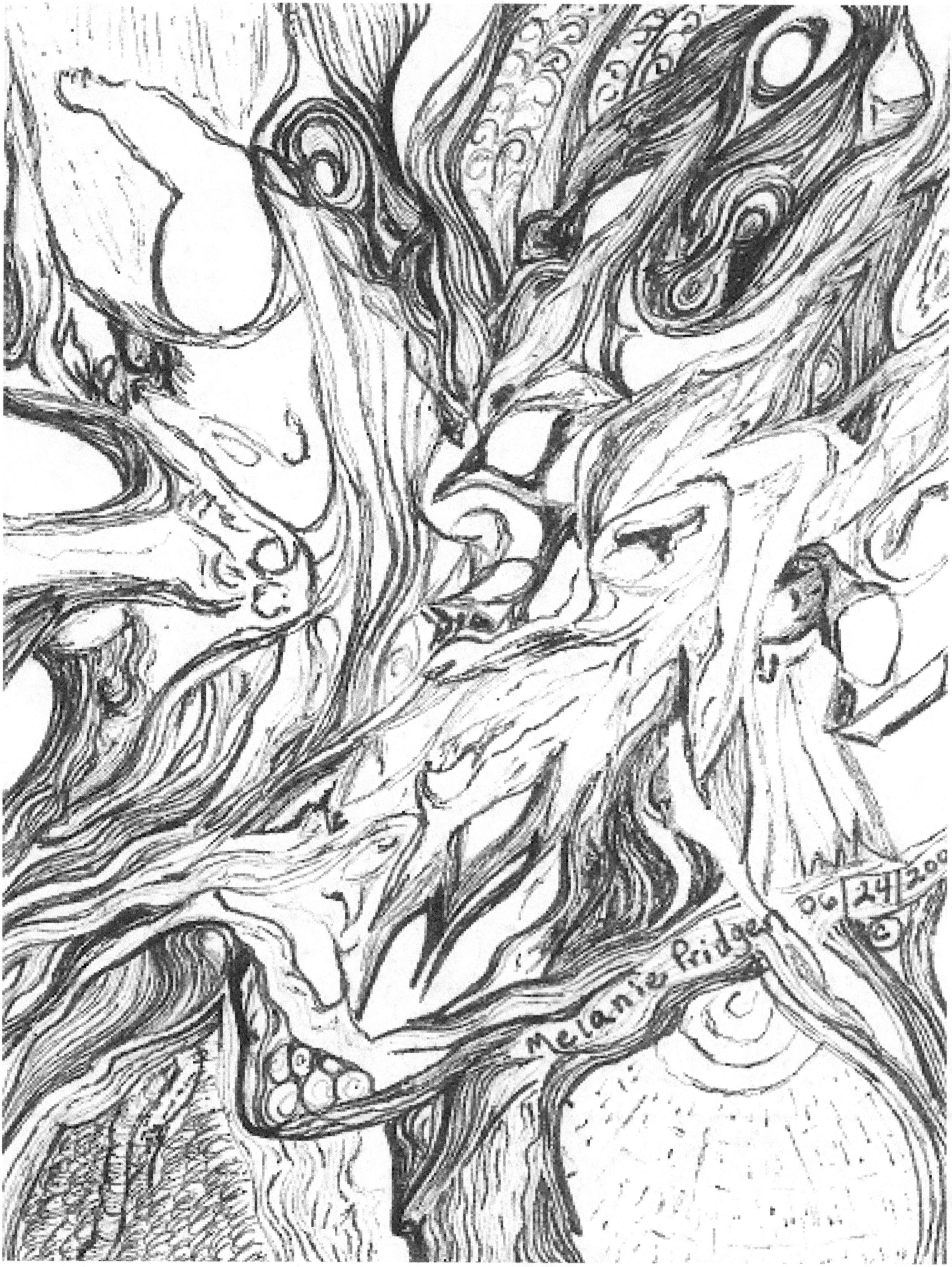
Melanie Pridge
06 24 200

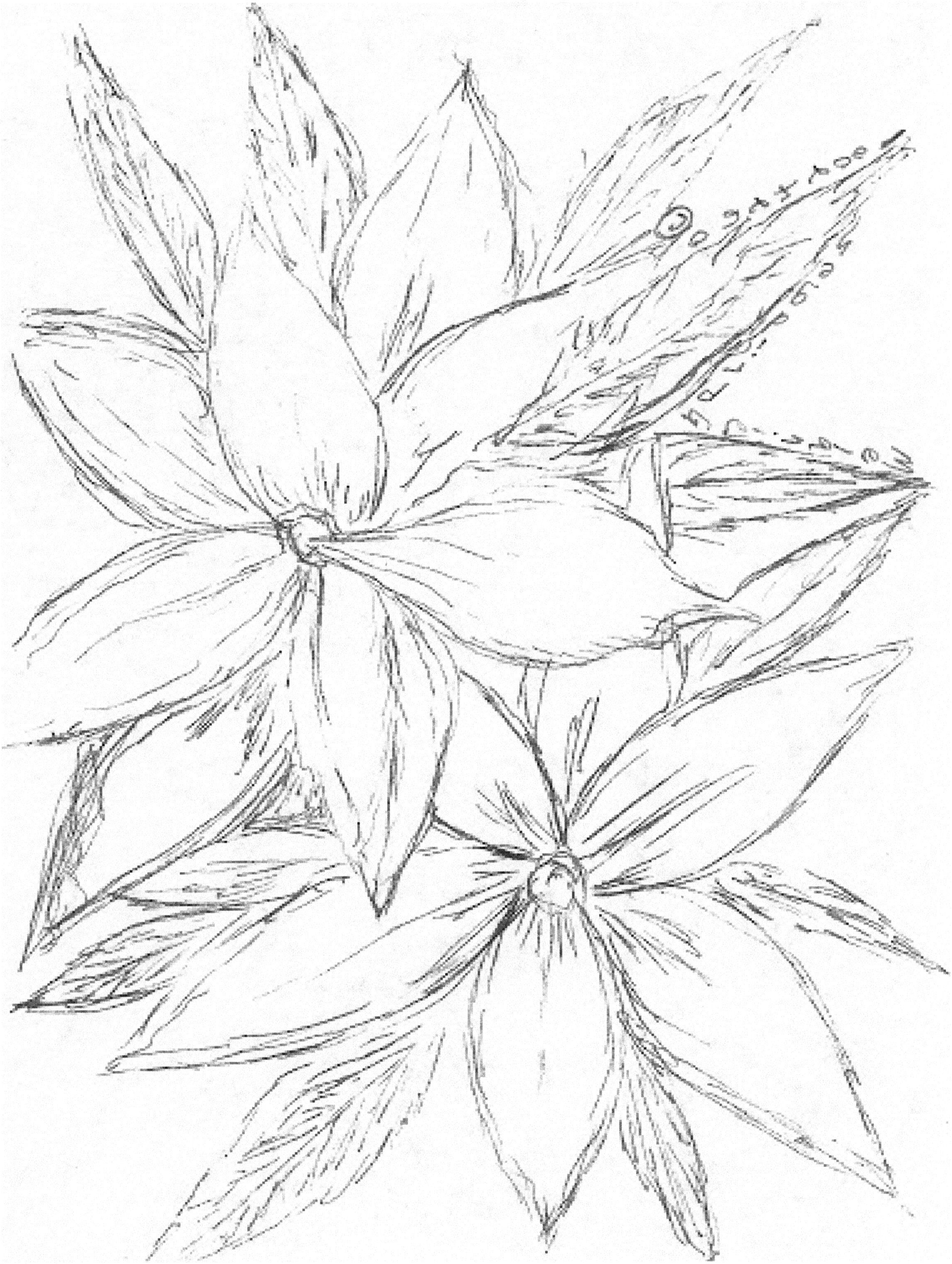

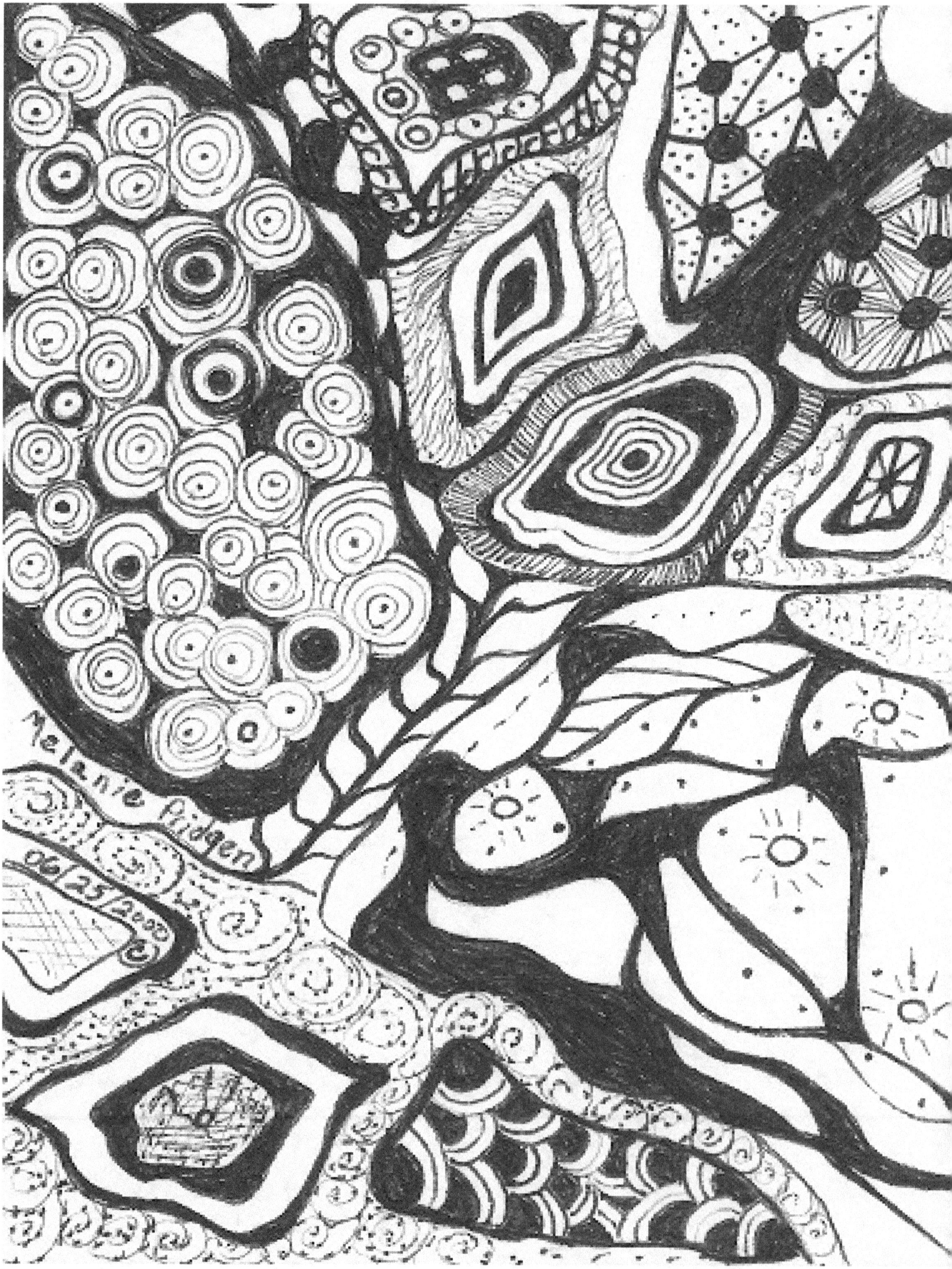
Melanie Pridgen
06 25 2020

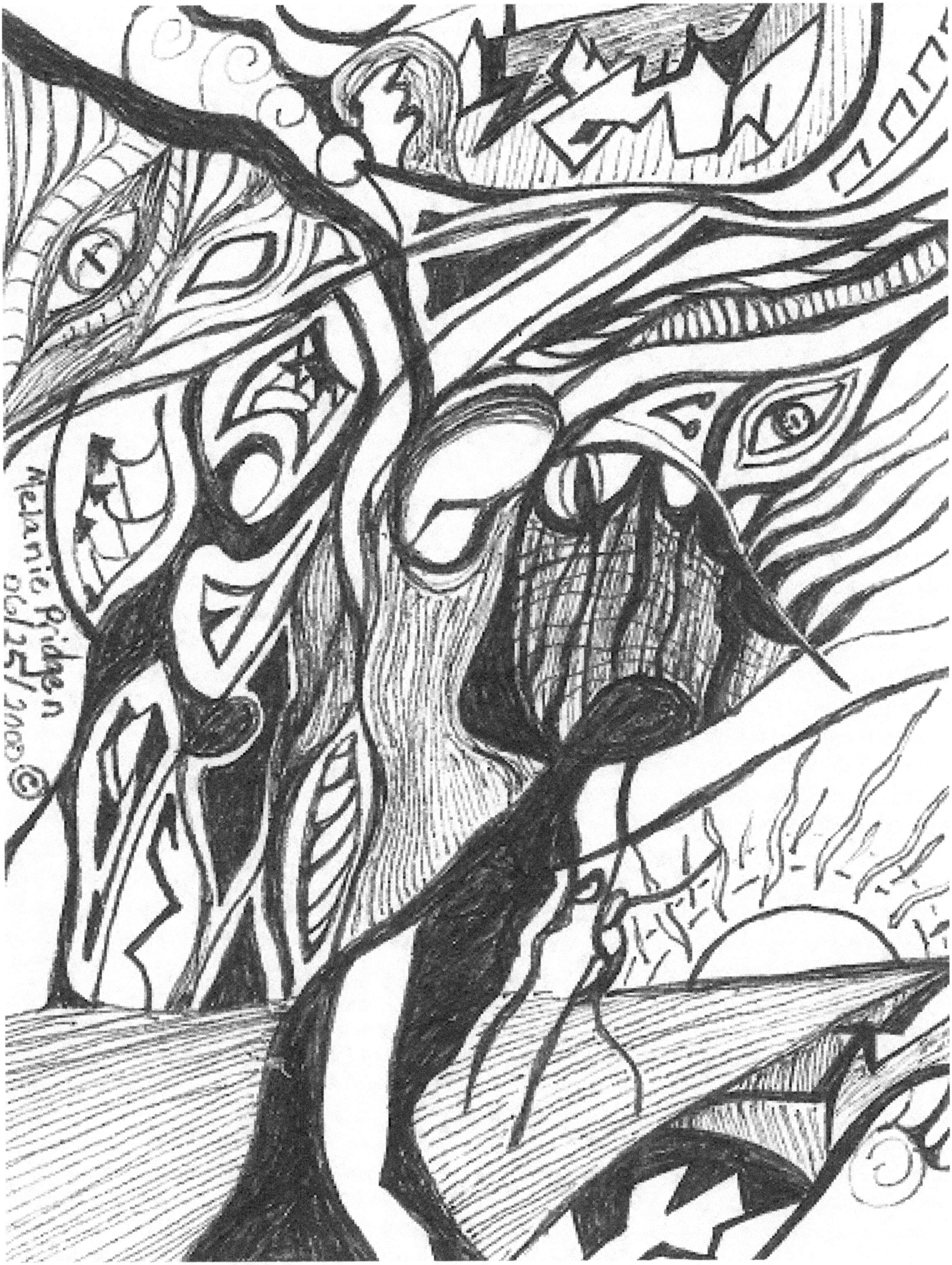
Melanie Ridgen

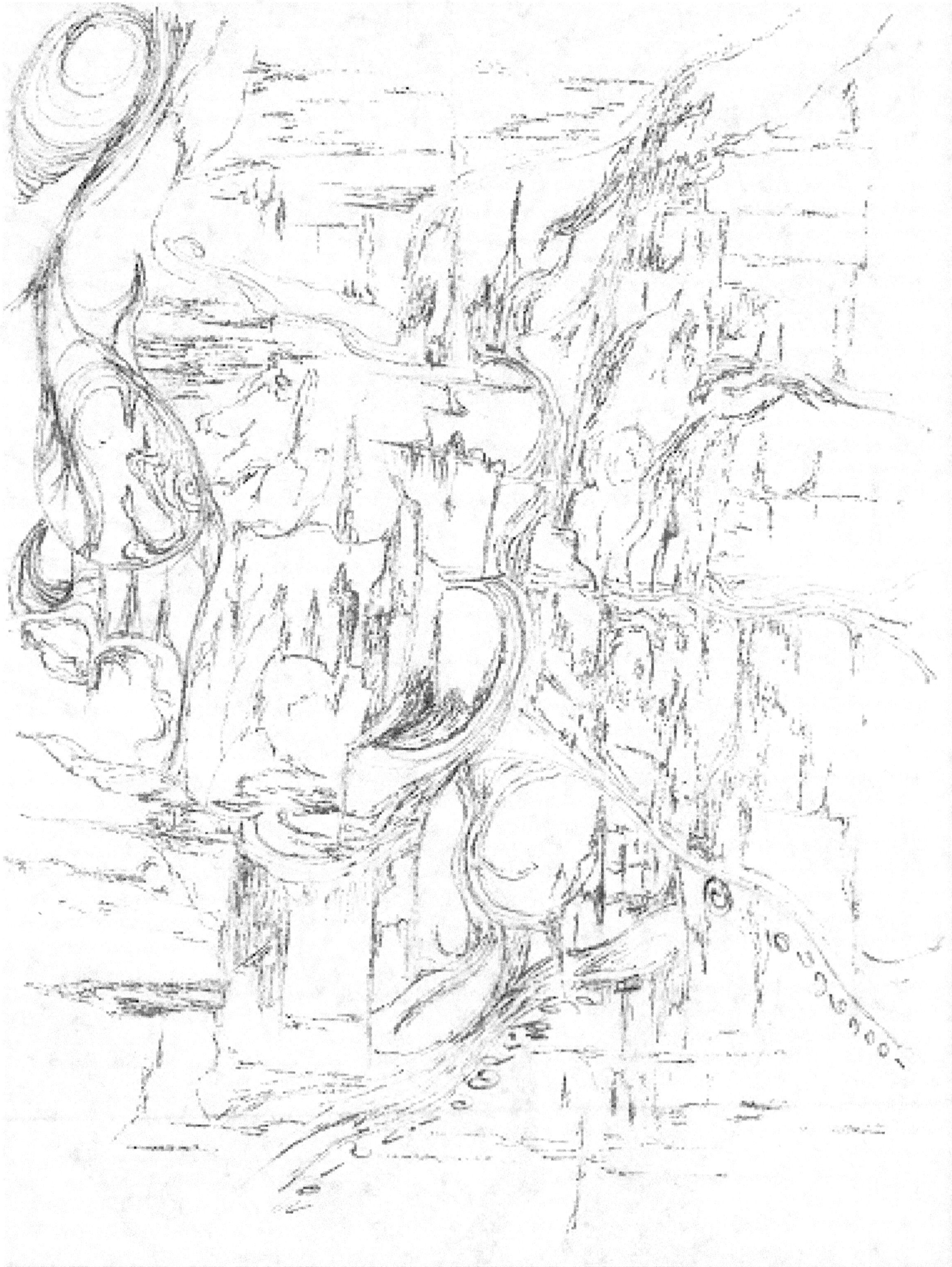

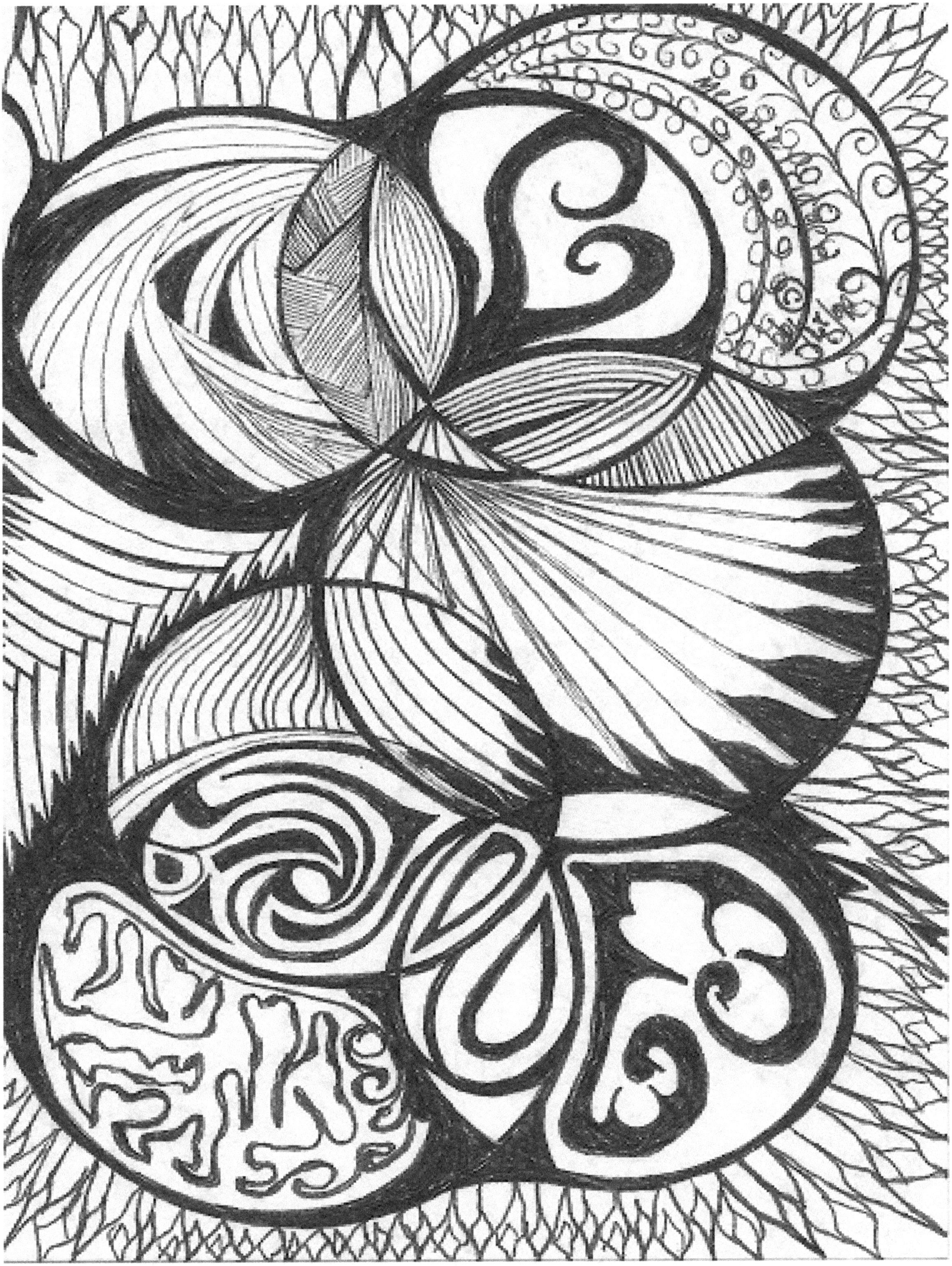

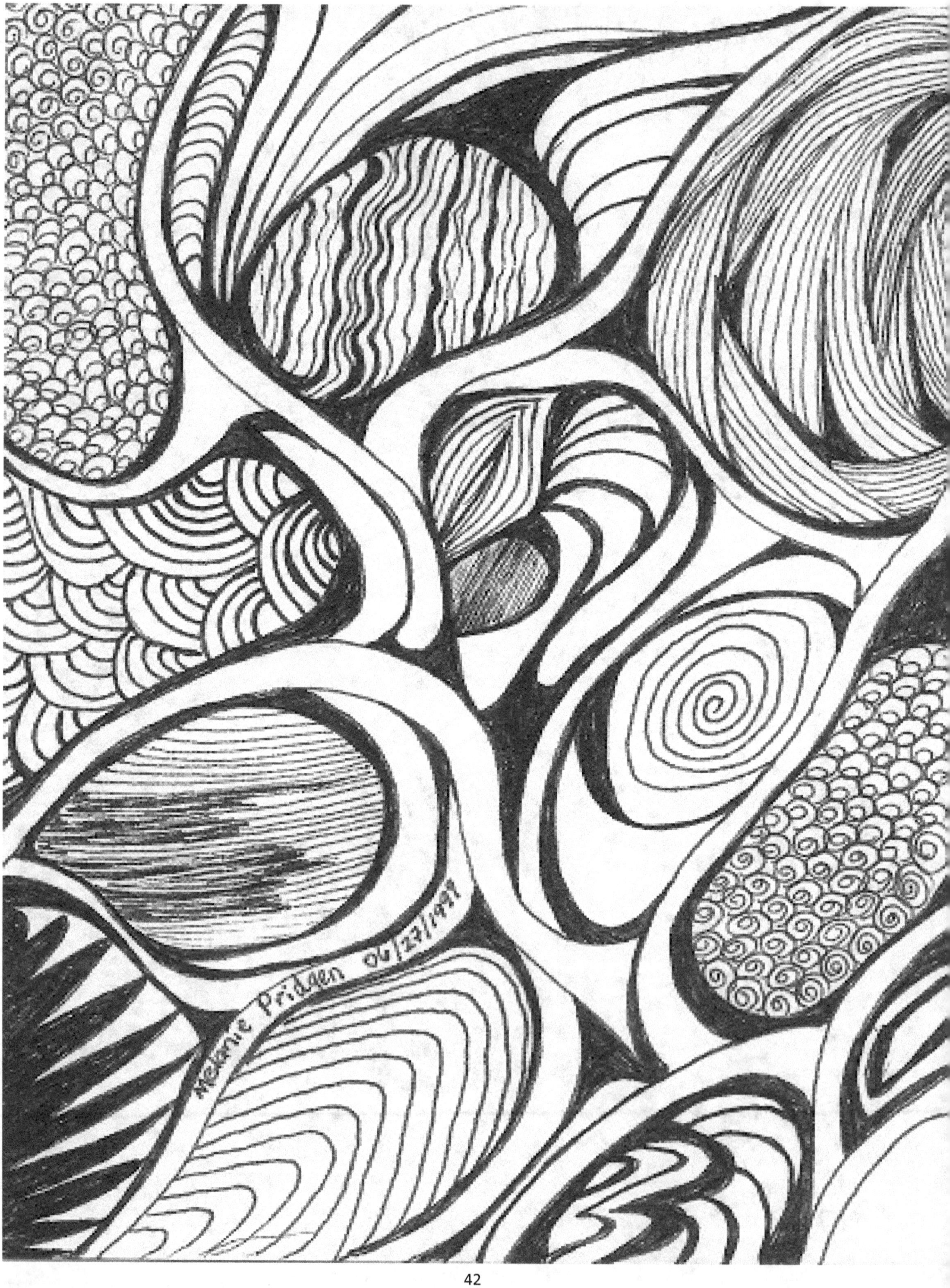
Melanie Pridgen

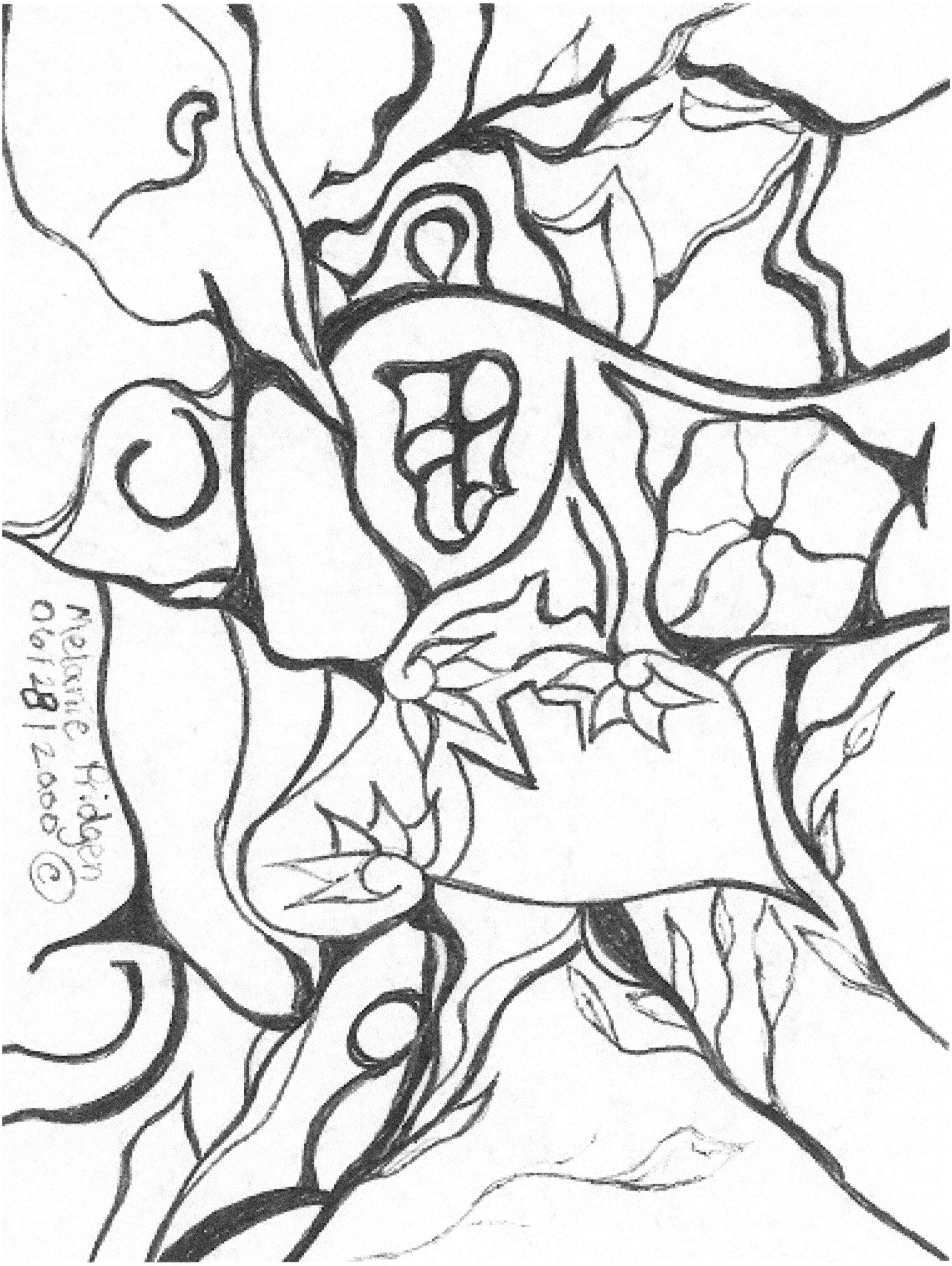
Melanie Hidgen
06/28/2000 ©

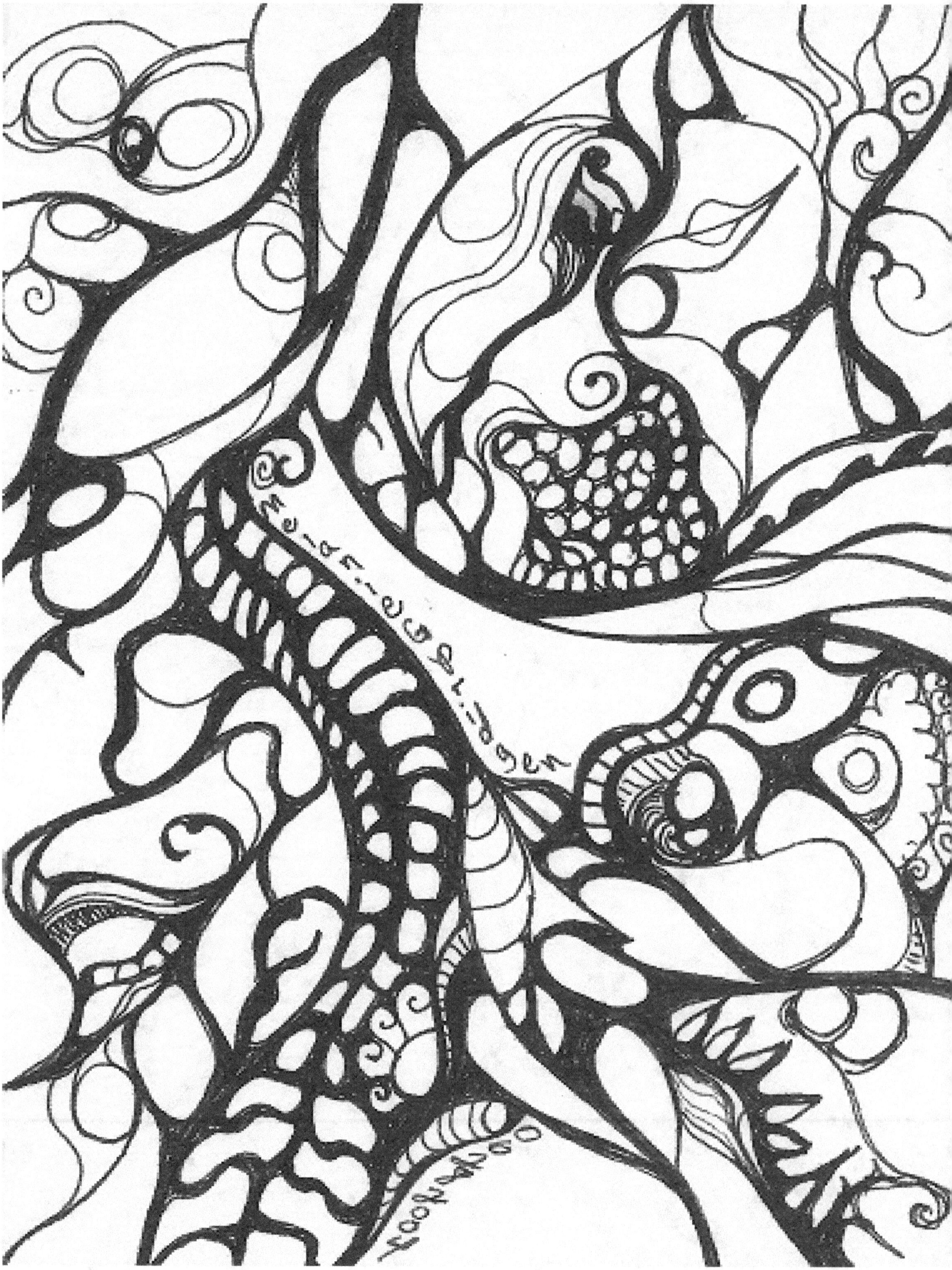

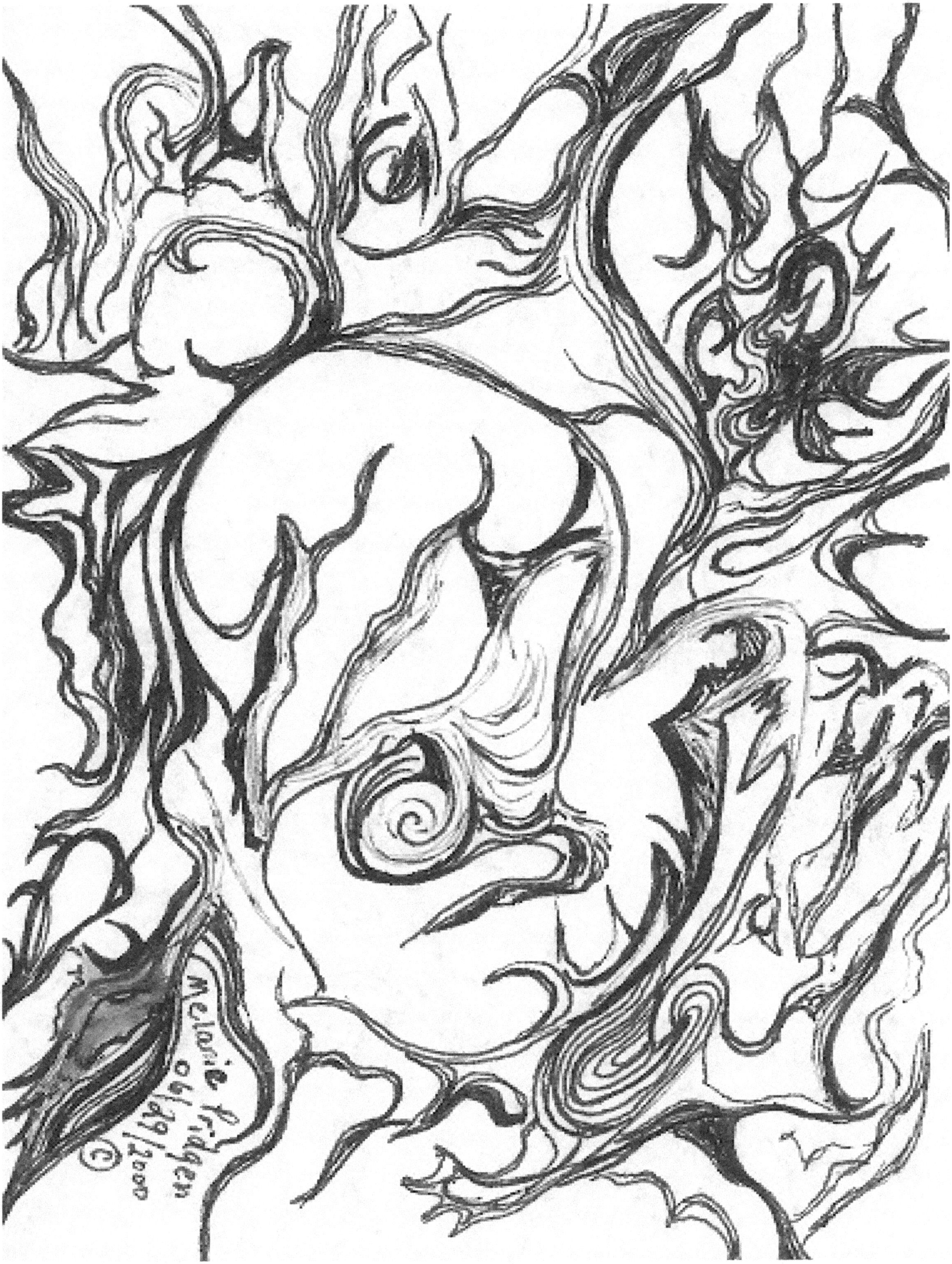
Melanie Pridgen
06/29/2000
©

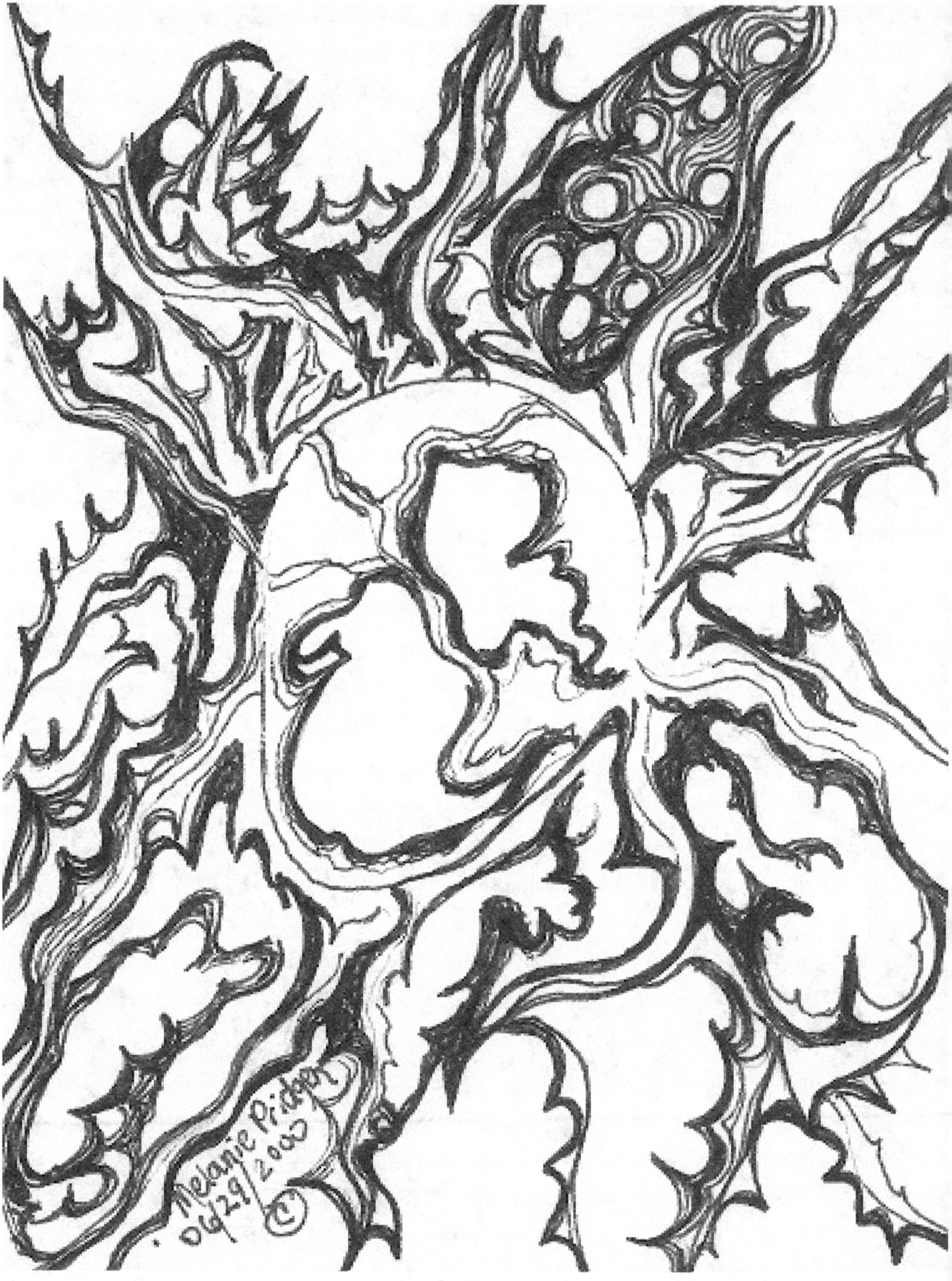
Melanie
06/29/2005 ©

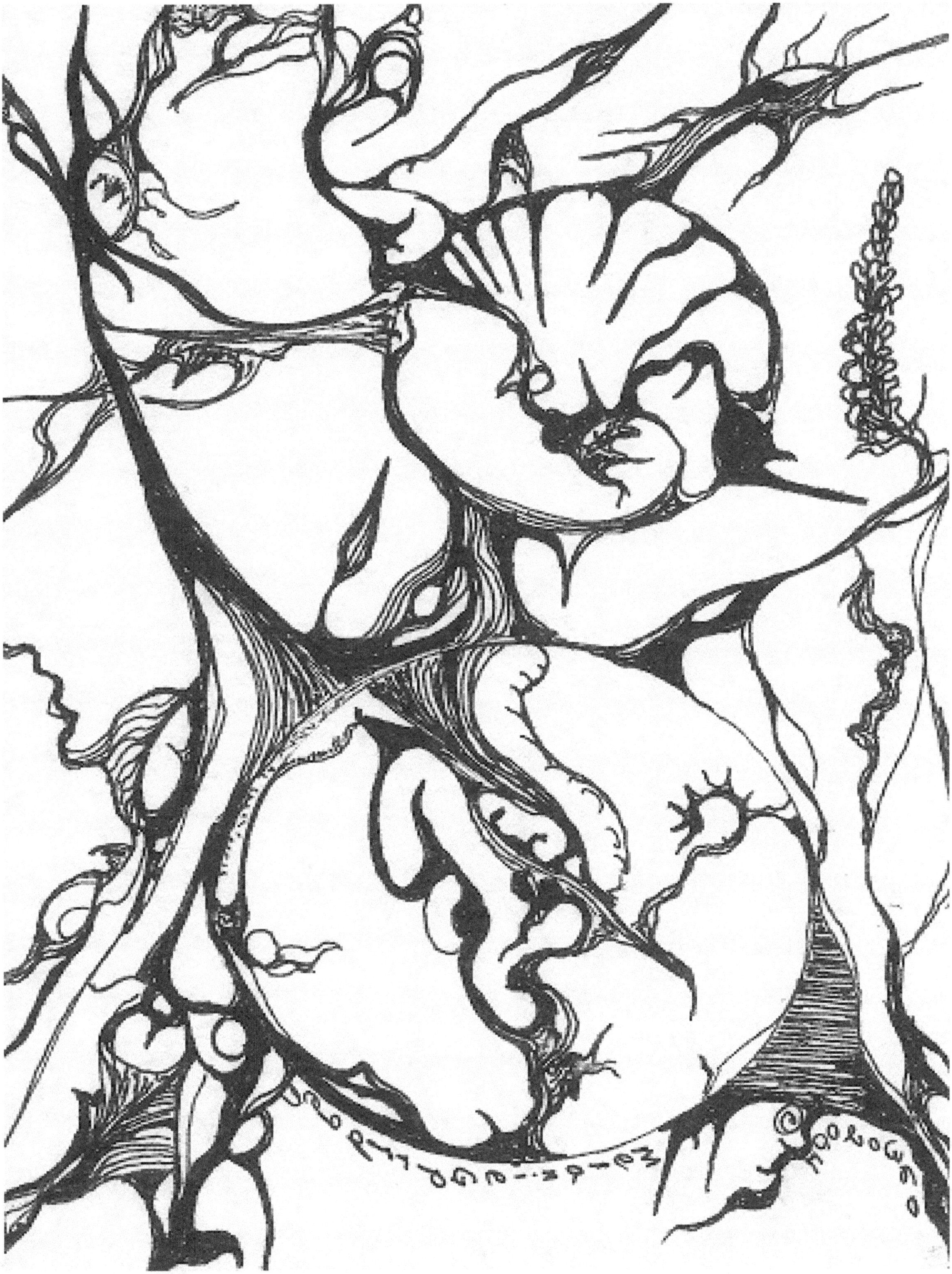

www.ingramcontent.com/pod-product-compliance
Lightning Source LLC
Chambersburg PA
CBHW080912220526
45466CB00011BA/3559